Nähen im Landhausstil

Nähen im Landhausstil

Ideen für Haus und Garten

Schritt-für-Schritt-Anleitungen

Sue Thompson

Augustus Verlag

Die Deutsche Bibliothek –
CIP-Einheitsaufnahme

Nähen im Landhausstil : Ideen für Haus und Garten ; Schritt-für-Schritt-Anleitungen / Sue Thompson. [Übers.: Hubert Roth]. – Augsburg : Augustus-Verl., 1997
ISBN 3-8043-0460-5

In der gleichen Ausstattung sind im Augustus Verlag auch folgende Bände erschienen:
Gloria Nicol: Kreuzstich im Landhausstil
Karen Elder: Sticken im Landhausstil
Diana Vernon: Perlen und Pailletten

Die englische Originalausgabe erschien bei Quadrille Publishing Limited, London,
unter dem Titel:
Sewing – Projects, Techniques, Motifs

Die im Buch veröffentlichten Ratschläge wurden von Verfasserin und Verlag sorgfältig erarbeitet und geprüft. Eine Garantie kann dennoch nicht übernommen werden. Ebenso ist eine Haftung der Verfasserin oder des Verlages und seiner Beauftragten für Personen-, Sach- und Vermögensschäden ausgeschlossen.

Übersetzung: Hubert Roth, Augsburg
Fotografie: Debbie Patterson, Pia Tryde, Peter Cassidy, Dave King
Illustrationen: Lucy Su
Technische Zeichnungen: Stephen Dew
Lektorat der deutschen Ausgabe: Helene Weinold-Leipold
Umschlaggestaltung: Christa Manner, München, unter Verwendung eines Fotos von Debbie Patterson

Augustus Verlag Augsburg 1997

Satz: satz-studio gmbh, Bäumenheim
Druck und Bindung: Mandarin Offset Ltd

ISBN 3-8043-0460-5

Printed in Hong Kong

Inhalt

Einleitung

In der Vergangenheit erlernten Mädchen das Nähen meist schon im Kindesalter, so daß sie bereits mit zehn oder elf Jahren einfache Kleidungsstücke und Heimtextilien anfertigen konnten. Sie besaßen auch das nötige Selbstvertrauen, um sich an schwierigere Nähprojekte heranzuwagen, da sie wußten, daß ihnen Mutter, Tante oder Freundin jederzeit weiterhelfen würden. Aber die Zeiten haben sich geändert, und diese traditionellen Nadelkünste sind akut vom Aussterben bedroht; alles, was über das Annähen von Knöpfen oder die Reparatur von Säumen hinausgeht, überfordert die meisten Menschen bereits. Auch die Schulen scheinen auf den Handarbeitsunterricht zu verzichten, und Abendkurse im Nähen besitzen allmählich Seltenheitswert. Das geht so weit, daß die erste Hürde beim Nähenlernen darin besteht, einen Lehrer mit den nötigen Kenntnissen zu finden.

Dieses Buch soll hier Abhilfe schaffen. Es ist für Anfänger gedacht und setzt praktisch keine Vorkenntnisse im Nähen voraus. Es beginnt gewissermaßen bei Null und führt Sie durch alle Bereiche des Nähens, die man beherrschen muß, um einfache Dinge herzustellen. Das geschieht in Form von klaren Arbeitsanleitungen, die Ihnen Schritt für Schritt alles Wissenswerte vermitteln; eine zusätzliche Hilfe sind die übersichtlichen Abbildungen.

Sie erfahren, wie man Stoffe und Utensilien auswählt, wie man Schnittmuster verwendet, mit Ecken und Bögen umgeht und Besatz aufnäht – aber das sind nur einige der zentralen Themen, um die es in den ersten beiden Kapiteln geht. Das darauffolgende Kapitel widmet sich verschiedenen praktischen Verschlußarten und umfaßt unter anderem komplette Anleitungen zum Anfertigen zweier unterschiedlicher Zierknöpfe. Der letzte Teil handelt schließlich von den leichter auszuführenden Besatz- und Verzierungstechniken, mit denen Sie Ihren Werken den letzten Schliff geben können.

Jedes Kapitel enthält Arbeiten, bei denen die verschiedenen Techniken angewandt werden. Diese reichen von kleinen und einfachen Dingen wie dem Tuch und den Servietten auf Seite 36 bis zu recht umfangreich und imponierend wirkenden Projekten wie dem Gartenpavillon auf Seite 42–45. Aber lassen Sie sich nicht entmutigen – anhand der ausführlichen Arbeitsanleitungen lassen sie sich durch die Bank leicht herstellen.

Und wenn Sie dieses Buch durchgearbeitet und einige unserer Entwürfe eigenhändig ausgeführt haben, dann sind Sie längst keine Anfängerin mehr, sondern eine mit allen Wassern gewaschene Hobbyschneiderin.

Arbeitsbeginn

Das Gelingen einer Arbeit hängt zu einem Gutteil von der Wahl des richtigen Stoffes ab. Deshalb ist es wichtig, zunächst einmal zwischen den zahlreichen handelsüblichen Tucharten unterscheiden zu lernen. Das geht ganz einfach: man muß nur möglichst viele Stoffe anfassen. Schauen Sie sich einmal um – in Ihrer unmittelbaren Umgebung finden sich in diesem Moment wahrscheinlich fünf oder sechs Stoffarten, die Sie vielleicht noch nie bewußt befühlt haben, und die sich wahrscheinlich ganz unterschiedlich anfühlen. Wenn Sie wissen wollen, warum das so ist, lesen Sie einfach weiter. Denn dieses Kapitel beschreibt, wie und aus welchen Materialien Stoffe hergestellt werden, und es hilft Ihnen, den passenden Stoff für Ihre Projekte auszusuchen.

Die Stoffwahl ist dabei nur der Anfang. Denn obwohl Sie für die Freizeitschneiderei keine Berge von Spezialwerkzeug benötigen, werden Ihnen hier doch einige unverzichtbare Utensilien vorgestellt, die Sie sich vielleicht kaufen oder ausleihen müssen, ehe Sie mit der Arbeit beginnen können. Abschließend finden Sie noch Erläuterungen zu Schnittmustern und eine Auswahl der wichtigsten Stiche, sowohl von Hand als auch mit der Maschine, die Sie vielleicht benötigen werden.

Stoffarten

In den Geschäften gibt es eine solche Fülle an wunderbaren Stoffen, daß die Auswahl des passenden Tuchs zu einer äußerst aufregenden, wenn auch ein wenig beängstigenden Sache wird. Vielen Stoffen werden Sie aufgrund von Farbe oder Dessin freilich sofort einen Korb geben können, aber es bleibt immer noch ein gewaltiges Sortiment übrig. Damit Sie eine sinnvolle Auswahl treffen können, sollten Sie etwas über die zwei Hauptfaktoren wissen, die die Eigenschaften eines Stoffes bestimmen. Dies ist zum einen die Art und das Gewicht der verwendeten Faser und zum anderen die Verarbeitungsmethode.

Fasern

Das ist der Grundstoff, aus dem die Textilien sind: die Faser. Sie wird zu Garn versponnen, aus dem dann der Stoff gewebt oder gewirkt wird. Fasern sind entweder tierischen oder pflanzlichen Ursprungs oder sie werden künstlich hergestellt.

Tierfasern

Die meistverwendete Tierfaser ist die Wolle, aus der Stoffe vom feinsten Schleier bis hin zu haarigem Tweed hergestellt werden. Seide wird für vielerlei Stoffe hergenommen, zum Beispiel für Satin, Taft, Chiffon, Samt und Brokatstoffe.

Pflanzenfasern

Die am häufigsten verwendete pflanzliche Faser ist wohl die Baumwolle. Liberty-Batist ist ein Beispiel für feines Baumwolltuch, während sich am anderen Ende der Skala die dicken, knotigen Baumwollstoffe finden, die gewöhnlich zu Vorhängen und Schonbezügen verarbeitet werden. Stoffe wie Samt, Chintz, Kambrik und Musselin können alle aus Baumwolle hergestellt werden.

Leinen wird aus Flachs gewonnen. Es fühlt sich glatt und kühl an. Darüber hinaus ist es extrem strapazierfähig, weshalb es sich ideal als Einrichtungsstoff eignet. Da Leinen leicht knittert, wird es oft mit anderen Fasern wie zum Beispiel Polyester gemischt.

Kunstfasern

Kunstfasern lassen sich in zwei Gruppen unterteilen. Die erste besteht aus einer Reihe von künstlichen Materialien, die für die Herstellung von Stoffen wie Polyester, Nylon, Trevira verwendet werden. Diese Stoffe sind gewöhnlich ausgesprochen strapazierfähig, leicht zu waschen und bügelfrei, aber sie fallen nicht besonders gut und sind nur schwer durch Bügeln in Form zu bringen. Sinn und Zweck dieser Kunstfasern ist es, eine breite Palette traditionell aus Baumwolle, Wolle oder Leinen hergestellter Stoffe zu ersetzen, obwohl sie nur selten die angestrebte Qualität der Originale erreichen. Die Stoffe der zweiten Kunstfaser-Gruppe werden aus Holzschliff hergestellt. Die entprechenden Produkte werden Rayon oder Viskose genannt.

Webarten

Sämtliche Stoffe lassen sich in zwei Kategorien einteilen: gestrickte (oder maschinell gewirkte) und gewebte. Gewirkte Stoffe werden häufiger für Bekleidungszwecke als für Heimtextilien verwendet.

Die Webart eines Stoffes und die Machart des Garns oder Fadens beeinflussen die Eigenschaften des fertigen Produkts letztlich mehr als die Faser, aus der er gemacht ist. Bei einfachen, über Kreuz gewebten Stoffen verlaufen in der Längsrichtung sogenannte Kettfäden, die der Breite nach von den sogenannten Schußfäden »durchschossen« werden. Bei Köper- oder Drillichstoffen dagegen ergibt sich ein diagonales Gewebe, da ein Schußfaden unter zwei oder mehr Kettfäden geführt wird.

Man muß dabei klar zwischen Webart und Faser unterscheiden. So ist zum Beispiel Satin die Bezeichnung für eine Art von Gewebe, das heute eher aus Kunstfasern oder Baumwolle als aus Seide hergestellt wird. Die Webart von Satin ist aber – unabhängig davon, welche Faser man dazu verwendet – immer die gleiche.

Stoffwahl

Bei der Auswahl und Verwendung von Stoffen ist vor allem eines zu bedenken: Es gibt keine festen Regeln, also wird Ihre Wahl weitegehend von Ihren eigenen Vorstellungen und den jeweiligen Modeeinflüssen abhängen. Ein wichtiger Gesichtspunkt ist auch der Verwendungszweck der geplanten Arbeit; hier ist Ihr Wissen über Stoffarten und -qualitäten gefordert. Und schließlich sollten Sie sich Gedanken darüber machen, wie sich Farbe und Muster auf Ihren Entwurf auswirken.

Fingerspitzengefühl

Um herauszufinden, welche Stoffe für welchen Zweck geeignet sind, betrachtet und befühlt man am besten möglichst viele unterschiedliche Stoffe. Sehen Sie sich die Stoffe in Ihrer unmittelbaren Umgebung an: Bettwäsche, Vorhänge, Tischtücher. Fühlen Sie ihre Oberflächen und vergleichen Sie sie miteinander: Sind sie weich oder rauh, matt oder glänzend? Ist der Stoff dick oder dünn, fällt er schwer oder leicht? Mögen Sie Vorhänge lieber mit vielen Falten oder nur mit wenigen? Einem dünnen Stoff muß man oft zusätzlich Fülle geben, damit er sich ebenso üppig bauscht wie ein schwerer. Versuchen Sie das Gewicht diverser Stoffe stets im Bezug auf ihre »Falleigenschaften« zu sehen. Und schrecken Sie nicht vor handfesten Stofftests zurück: Wenn der Stoff für ein Kissen gedacht ist, zerknüllen Sie ihn ruhig in der Hand, und wenn daraus ein Vorhang werden soll, probieren Sie aus, wie sich eine Länge davon drapieren läßt.

Der Stoffkauf

Um kostspielige Fehlgriffe beim Stoffkauf zu vermeiden, sollten Sie strategisch, also nach einer Art Checkliste vorgehen. Folgende Dinge sollten Sie dabeihaben:

- Ihre Vorstellungen vom benötigten Stoff, die auf ästhetischen wie auch praktischen Erwägungen beruhen;
- Farbmuster, um die passende Farbe zu finden;
- Maßband;
- eine Zeichnung vom Schnittmuster, mit allen Maßen und der insgesamt benötigten Stoffmenge. Wenn Sie eine vorläufige Wahl getroffen haben, gilt es folgendes zu bedenken:
- Wenn Sie einen Stoff mit sehr großem Muster (eingewebt oder aufgedruckt) ausgesucht haben, rechnen Sie noch zusätzlich Stoff für vollständige Musterwiederholungen hinzu (siehe Seite 20).
- Wenn der Stoff ein einseitiges Dessin hat, müssen alle Schnitteile mit der gleichen Seite nach oben ausgelegt werden, und das kostet zusätzlich Stoff. Anfangs solche Stoffe meiden!
- Wenn Sie viele kleine Stücke ausschneiden müssen, verwenden Sie am besten kleine Muster, da das Gesamtbild sonst zu bunt aussieht.

Und sollten Sie schließlich mit einem Stoff liebäugeln, der sich partout nicht für Ihren Zweck eignet, lassen Sie nicht alle Hoffnung fahren: Es kann ja sein, daß sich Stoff oder Entwurf abändern lassen, so daß Sie doch noch mit Ihrem Stoff zusammenkommen.

Farbe und Muster

Da die meisten Menschen sich nicht allzu häufig mit der Auswahl von Farben und Mustern beschäftigen, lassen sie sich leicht von dieser Aufgabe einschüchtern und gehen oft recht planlos vor. Aber werfen Sie einmal einen Blick in ein Modeatelier, und Sie werden eine Unmenge von Stoffproben, Muster von Verzierungen sowie Farbkarten – alles zum Nachschlagen – finden, ebenso zu Inspirationszwecken angehäufte Stapel von Zeitschriften, Katalogen oder Büchern zu allen möglichen Themen sowie Pinwände mit allem nur denkbaren Krimskrams, der dem Designer irgendwann ins Auge stach. Natürlich wird man nicht einfach über Nacht zum Textildesigner, indem man derlei Dinge sammelt, aber es ist gar kein schlechter Anfang.

Farbe

Normalerweise sehen wir Farben nur in Kombination, wobei benachbarte Farben sich gegenseitig beeinflussen. Eine von kühlen Farben umgebene warme Farbe erscheint gewöhnlich noch wärmer, wobei sie die kühlen vielleicht abschwächt oder einen Farbakzent bildet.

Die kalte Ausstrahlung eines dünnen, ätzenden Blaus zum Beispiel kann man neutralisieren, indem man es mit satteren, wärmeren Farben zusammenbringt. In einem heißen, sonnigen Raum jedoch können Wände mit einem solchen eisigen Blau eine angenehm kühlende Wirkung haben, obgleich man vielleicht hier und dort wärmere und leuchtendere Farben braucht, um das Farbschema nicht schal und leblos werden zu lassen.

Muster

Große Muster mit viel Bewegung und Kontrastfarben wirken lebhaft, ermüden aber schnell, wenn man dabei übertreibt. Das andere Extrem sind Räume, die mit winzigen Mustern und weichen Farben ausgestattet sind; sie wirken oft eher langweilig als beruhigend, obwohl man sie gewöhnlich problemlos mit kontrastierenden Mustern oder Farben beleben kann.

Riesige Muster machen sich oft recht gut in Durchgangsräumen wie zum Beispiel Dielen, da sie aufheiternd wirken, wenn man sie nur kurz sieht, und die Diskrepanz der Größenverhältnisse für eine gewisse Spannung sorgt.

Mit einem durchgehenden Thema bringt man auch die unterschiedlichsten Muster erfolgreich zusammen. Stellen Sie z. B. verschiedene gemusterte oder einfarbige Stoffe zusammen, die alle dem gleichen oder einem ähnlichen Farbschema folgen.

Inspiration

Halten Sie stets Ausschau nach Anregungen! Richten Sie Ihr Augenmerk darauf, wie Farben und Muster verwendet werden.

Benutzen Sie Ihre Pinnwand für entsprechende Notizen in Form von Stoffmustern und Verzierungen, mit denen Sie gelungene Farb- und Musterkombinationen festhalten. Experimentieren Sie mit unterschiedlichen Farbmengen, mit Kombinationen verschiedener Muster und kontrastierenden Oberflächen. Wenn eine Zusammenstellung nicht klappt, versuchen Sie, eine freche Kontrastfarbe, vielleicht in Form einer Verzierung, ins Spiel zu bringen.

Arbeits-utensilien

Im Folgenden finden Sie all die Dinge aufgelistet, die Sie für Ihre ersten Gehversuche beim Nähen brauchen. Es versteht sich dabei von selbst, daß man die besten Resultate nur mit Qualitätsware erzielt, die im übrigen auch länger hält. Knausern Sie also nicht und lassen Sie die Sonderangebote des Straßenhändlers links liegen. Auch wenn Sie sich noch nie mit dem Nähen befaßt haben, werden Sie bereits einige der aufgelisteten Dinge besitzen.

Sie brauchen auch eine große, glatte Fläche, auf der Sie Schnittmuster zeichnen und Stoff zuschneiden können. Halten Sie sich von hochglanzpolierten Flächen fern. Das Arbeiten auf einem Tisch mit schützendem Bezug ist zwar schwierig, aber ohne einen solchen können sich schnell Kratzer im Lack einstellen. Darüberhinaus brauchen Sie einen Platz, an dem Sie Ihre Untensilien verstauen können. Er sollte trocken sein, damit die Scheren und andere Gegenstände aus Metall nicht rosten, und dunkel, da direktes Sonnenlicht den Textilien schadet.

Messen und Anzeichnen

Sie benötigen:
- Schneidermaßband,
- langes Lineal oder Meterstab,
- Zeichendreieck (nicht unbedingt notwendig),
- Bleistifte und Schneiderkreide,
- große Bögen Papier, auf denen Schnittmuster angezeichnet werden. Leichtes, kariertes Schnittmusterpapier oder unbedrucktes Zeitungspapier (»Makulatur«) aus dem Laden für Künstlerbedarf.

Scheren

Ideal wäre es, wenn Sie drei Scheren besäßen:
- Schneiderschere zum Stoffschneiden.
- Schere mit langen Klingen zum Papierschneiden.
- Winzige, sehr spitze Nähschere, um Fäden abzuschneiden, Nähte aufzutrennen oder ähnliches.

Alle drei Scheren sollten sehr scharf und bequem in der Handhabung sein.

Stecknadeln

Kaufen Sie sich lange, dünne und sehr spitze Nadeln, mit denen das Arbeiten Freude macht. Nadeln mit bunten Glasköpfen sehen nett aus und sind nützlich, wenn man nicht mehr so gut sieht. Ansonsten sind sie aber ärgerlich, da sie nicht flach auf dem Stoff aufliegen und damit bewirken, daß eine festgesteckte Naht Falten zieht.

Bewahren Sie Stecknadeln in einer separaten Dose auf, sonst erwischen Sie aus Versehen ständig Nähnadeln. Die Dose sollte trocken sein, damit der Rost keine Chance hat.

Nähnadeln

Sie sollten stets eine Auswahl an Nähnadeln verschiedener Größe und mit unterschiedlich geschnittenem Öhr zur Hand haben, damit Sie ohne weiteres mit verschiedenen Garnstärken nähen können. Entsprechende Sortimente gibt es im Handel. Bewahren Sie die Nadeln in einer trockenen Dose oder Schachtel auf oder verwenden Sie ein Nadeletui.

Nähmaschine

Wenn Sie noch keine Nähmaschine besitzen, empfiehlt es sich, sich erst einmal eine auszuleihen, um probehalber mit ihr zu arbeiten, ehe Sie sich selbst eine aussuchen. Eine Maschine, die Geradstich, Zickzack- und Rückwärtsstich beherrscht, genügt, auch wenn eine Knopflochautomatik sehr nützlich ist. Maschinen, die alle Arten von Kunststichen können, sind nicht erforderlich. Auch wenn Ihre Maschine nur Geradstich beherrscht, können Sie alle Arbeiten in diesem Buch ausführen; Sie müssen dann nur einige abschließende Stiche von Hand ausführen.

Kaufen Sie die Maschine beim Fachhändler. Probieren Sie eine Maschine, die Ihnen zusagt, auf verschiedenen Stoffstärken und -arten aus, um zu sehen, ob sie auf allen Stoffen gleich gut arbeitet. Erst dann sollten Sie sich entscheiden.

Vergessen Sie nicht, die Maschine häufig zu ölen und das Spulengehäuse mit einer Flusenbürste zu reinigen (siehe Anleitung des Herstellers).

Maschinennadeln

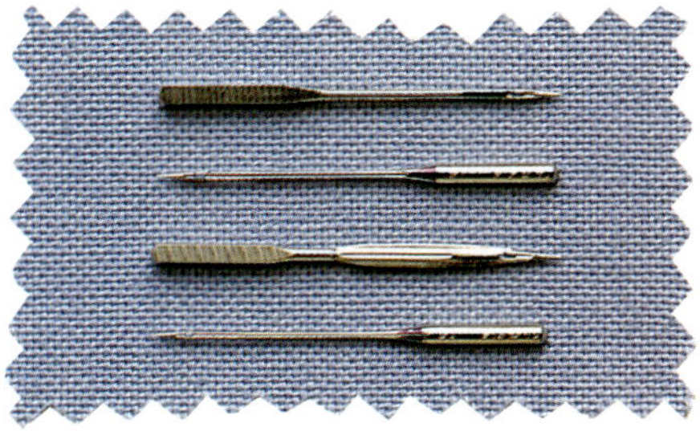

Sie sind in verschiedenen Größen erhältlich: Nehmen Sie feine Nadeln für feine Stoffe und dickere Nadeln für dickere Stoffe. Feinere Nadeln haben ein kleineres Öhr und nehmen deshalb nur feine Fäden auf, dickere Nadeln mit größerem Öhr eignen sich für stärkere Fäden. Der Faden muß leicht durch die Nadel laufen.

Legen Sie sich einen Vorrat von Maschinennadeln in verschiedenen Größen an. Achten Sie darauf, daß Sie die richtigen Größen für Ihre Maschine kaufen. Ehe Sie mit einer Näharbeit beginnen, sollten Sie auch überprüfen, ob die Nadel spitz ist und sie gegebenenfalls auswechseln.

Garne

Das Garn sollte glatt aussehen und einen leichten Schimmer haben. Vergleichen Sie verschiedene Spulen, um herauszufinden, welches Garn sich für welchen Stoff eignet. Nehmen Sie feineres Garn für feinere Stoffe und stärkere Garne für stärkere Stoffe. In Kurzwarengeschäften gibt es gewöhnlich nur eine Art von Maschinengarn aus Polyester, das sich außer für ganz schweres Tuch für alle Stoffe eignet, da es trotz seiner Feinheit sehr kräftig ist. Zu starkes Garn sollten Sie möglichst vermeiden, da es die Nähte dick aussehen läßt und zu sehr versteift. Wenn Sie aber eine Arbeit herstellen, die sehr viel aushalten muß, oder einen sehr schweren Stoff verwenden, lohnt es sich, ein extra starkes Garn zu verwenden.

- Knopflochgarn ist besonders kräftig, gut gezwirnt und wesentlich strapazierfähiger als gewöhnliches Garn, und es ist verblüffend, wieviel besser Knopflöcher aussehen, die damit eingefaßt wurden. Das gilt vor allem für schwere Stoffe. Leider ist es zu dick, um damit Knopflöcher auf feineren Stoffen zu umnähen; verwenden Sie in diesem Fall den gleichen Faden wie für das Zusammennähen.
- Für Seidenstoffe müssen Sie kein Seidengarn hernehmen, es sei denn, es ist für Verzierungen gedacht.
- Widerstehen Sie der Verlockung, billiges No-name-Garn zu kaufen, denn das ist oft gestückeltes Garn oder alt und brüchig, in jedem Fall aber zu schwach für die Nähmaschine. Verwenden Sie es nur, um Nähte mit der Hand oder mit der Maschine zusammenzuheften.

Bügeleisen und Bügelbrett

Das Dampfbügeleisen ist eine segensreiche Erfindung der Neuzeit. Wählen Sie eines aus, das jede Menge Dampf macht, da Sie damit professionell aussehende glatte Nähte und scharfe Kanten bilden können. Achten Sie darauf, daß die Unterseite schön sauber ist, damit das Bügeleisen leicht über den Stoff gleitet. Ein dick wattiertes Bügelbrett macht das Bügeln zum Vergnügen, ein unwattiertes macht es zum Alptraum. Entfernen Sie den Überzug und legen Sie mehrere Lagen alte Decken oder Handtücher als Polsterung auf das Brett, streichen Sie das alles glatt und spannen Sie den Überzug straff darüber. Jetzt müssen Sie den Überzug nur noch fest unter dem Brett verschnüren.

Schnitt-muster

Die komplette Anleitung zum Anlegen eines Schnittmusters und zum Zuschneiden des Stoffes finden Sie auf Seite 20/21. Sie gilt für eigene Maßstabszeichnungen wie für gekaufte Schnittmuster, die in der richtigen Größe geliefert werden, und in beiden Fällen ist es wichtig, sich genau daran zu halten. Nur so erzielt man die besten Resultate. Gekaufte Schnittmuster bieten gewöhnlich verschiedene Zuschnitte für verschiedene Stoffbreiten. Es ist also ratsam, sich das Schnittmuster erst einmal anzusehen, ehe man Stoff mit einer sehr ausgefallenen Breite kauft.

Das Muster im Detail

Die Schnittmusterzeichnungen auf Seite 98–108 zeigen die Teile, die für die Arbeit benötigt werden, in verkleinertem Maßstab, wie er auch bei unserem Beispiel (Abb. 1) zu sehen ist. Die Teile werden auf kariertes Papier gezeichnet, bevor sie zum Stoffausschneiden verwendet werden. Ein Schnittmuster enthält:

- den zu verwendenden Maßstab, der in einem der Quadrate angegeben wird. In unserem Fall 5 cm x 5 cm.
- die verkleinerten Schnittmusterteile,
- die Position eines jeden Teils auf dem Stoff. Legen Sie die Linie, die den Fadenverlauf anzeigt, parallel zur Webkante. Jedes Schnittmuster enthält alle Anmerkungen, die man braucht, um die Zeichnungen auf den richtigen Maßstab zu vergrößern. Außerdem gibt es zu jeder Arbeit noch ein spezielles Schnittlayout.

Bei den Umrissen aller Schnittmusterteile wurden 1,5 cm Nahtzugabe eingerechnet. Wo dies nicht der Fall ist, wird es eigens vermerkt.

Die genaue Stoffmenge wird ebenfalls im entsprechenden Schnittmuster angegeben. Die einzige Ausnahme bilden den Arbeiten, die Sie einem bereits vorhandenen Gegenstand anpassen müssen. Hier können Sie aber die benötigte Stoffmenge selbst berechnen.

Abb. 1

120 cm breiter Stoff

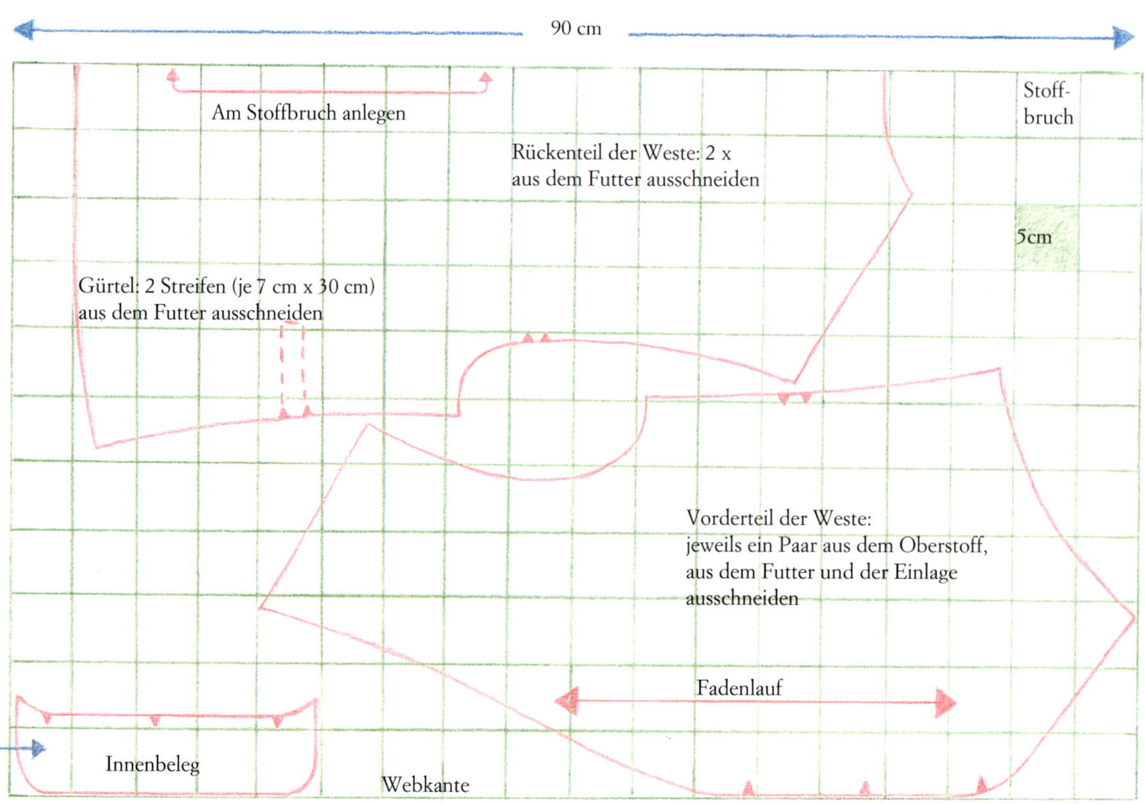

einmal aus dem Oberstoff, einmal aus dem Futter, einmal aus der Einlage ausschneiden

Maßstabsgerecht vergrößern

Zeichnen Sie auf einem großen Bogen Papier wie zum Beispiel Makulaturpapier ein quadratisches Liniennetz in der bei unserem Schnittmusterbeispiel vorgeschlagenen Größe.

Nehmen Sie ein Schnittmusterteil aus unserer Beispielzeichnung her, das zumindest eine gerade Kante aufweist. Messen Sie diese Kante und zeichnen Sie sie auf einer Linie nahe am Rand an, indem Sie die Quadrate als Orientierungshilfe benutzen. Messen Sie dann eine angrenzende Linie auf diesem Schnittmusterteil aus und übertragen Sie sie auf Ihren Bogen. Fahren Sie so fort, bis Sie das Schnittmusterteil vollständig übertragen haben, so daß alles, was sich in einem kleinen Quadrat befindet, maßstabsgerecht vergrößert in dem größeren Quadrat auftaucht (Abb. 2).

Bei Schnittmusterteilen ohne gerade Kanten oder mit überwiegend geschwungenen Linien beginnen Sie nahe einer Papierkante und zeichnen die Markierungen auf dem Liniennetz nach denen in der Beispielzeichnung auf. Machen Sie dann auch noch Markierungen zwischen den Linien Ihres Karos, um die Kurven exakt einzeichnen zu können. So fortfahren, bis Muster vollständig ist (Abb. 3).

Alle Linien und Markierungen von einem kleinen Quadrat auf das entsprechende große Quadrat übertragen.

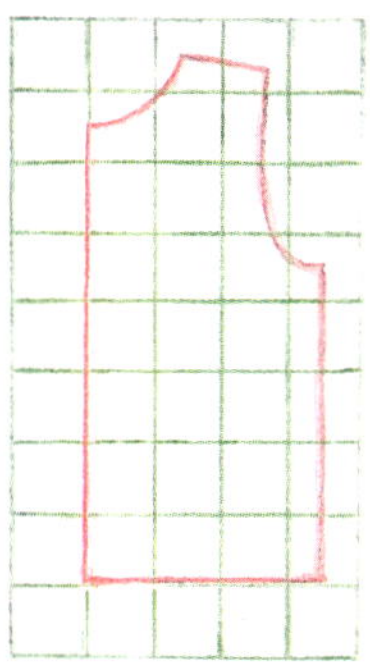
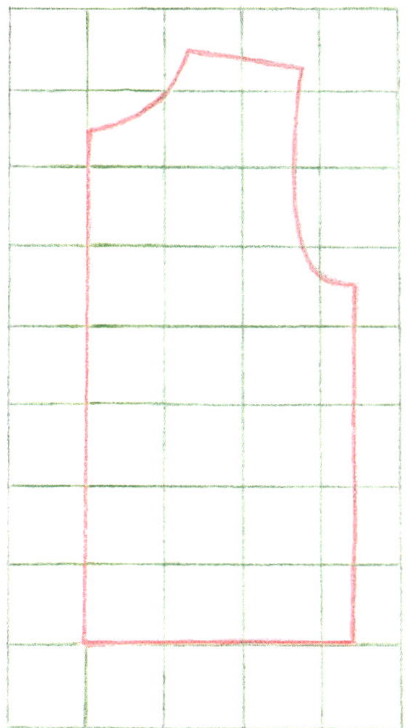

Abb. 2

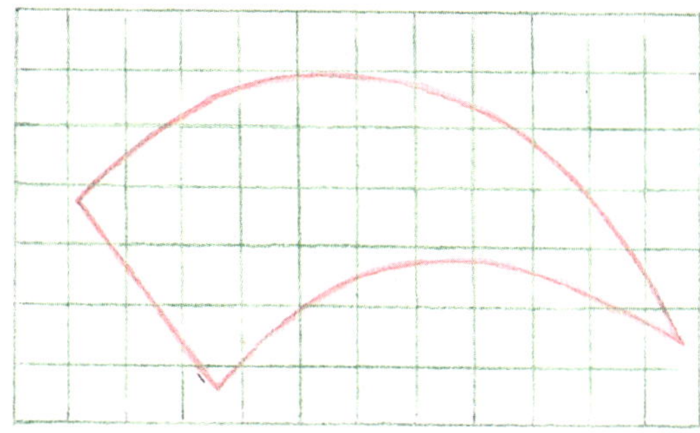
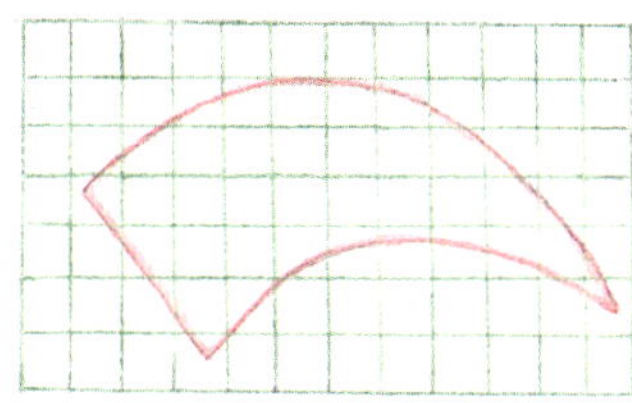

Abb. 3

Anmerkungen zum Schnittmuster

- Das Schnittmuster sagt Ihnen, in welcher Richtung die Fäden des Stoffes beim Zuschnitt verlaufen sollten.
Diese Verlaufslinie auch in die maßstabsgerechte Vergrößerung einzeichnen.
- Spezielle Kerbensymbole an den Schnittmusterteilen zeigen exakt an, wie die ausgeschnittenen Stoffteile zusammengehören. Übertragen Sie sie sorgfältig auf das vergrößerte Muster.
- Wenn es im Schnittmusterbeispiel heißt »am Stoffbruch anlegen«, dann bedeutet das, daß die Kante des Schnittmusterteils direkt an eine Faltkante des doppelt genommenen Stoffes angelegt werden muß und damit natürlich auf die doppelte Größe des Schnittmusterteils ausgeschnitten wird. Tragen Sie auch dies in die Mustervergrößerung ein (siehe Abb. 1 auf Seite 20).
- Und schließlich sollte noch jedes Schnittmusterteil mit dem Namen der Arbeit und der Bezeichnung des Teils beschriftet werden (siehe Schnittmusterbeispiel). Datum und Stoffart (für Wiederverwendung) dazuschreiben.

Anzeichnen und Ausschneiden

Es ist wichtig, den Stoff sauber zu markieren und auszuschneiden, damit die Teile später exakt zusammenpassen. Seltsamerweise sind einige Hobbyschneiderinnen, die ansonsten sehr proper und ordentlich arbeiten, beim Zuschneiden recht nachlässig. Lassen Sie sich also Zeit und legen Sie vor dem Zuschnitt alle Schnittmusterteile aus, um sicherzugehen, daß sie alle auf dem Stoff Platz haben. Verwenden Sie eine scharfe Schneiderschere, halten Sie sich an die folgende Anleitung und schneiden Sie alle Teile mit sauberen Kanten aus.

Zuweilen bereiten die Kerbenmarkierungen etwas Kummer, aber im Grunde kommt man ihnen ganz leicht bei, indem man jede Kerbe markiert und einschneidet wie auf der gegenüberliegenden Seite beschrieben. Lassen Sie es sich bitte nicht einfallen, diese Kerben als kleine Dreiecke auszuschneiden, die über die Kante des Schnittmusterteils überstehen, da das die Arbeit, zumal bei kleinen Stücken, fummelig und unübersichtlich macht.

Stoff ausbreiten

Wenn der Stoff, den Sie verwenden wollen, Falten aufweist, sollten Sie ihn glattbügeln. Breiten Sie ihn flach mit der Webkante parallel zur Tischkante auf Ihrem Schneidetisch aus. Für einige Schnittmuster muß man den Stoff auf die Hälfte zusammenfalten, so daß die Webkanten übereinanderliegen. In diesem Fall sollten Sie die beiden Seiten der gefalteten Enden nicht akkurat und bündig aufeinanderlegen, da das womöglich den Stoffbruch verzieht. Sollte das passieren, schlagen Sie einfach den Stoff wieder auf und falten ihn erneut, wobei diesmal aber die Enden liegen dürfen, wo sie wollen.

Legen Sie die Schnittmusterteile genau so auf dem Stoff aus, wie es auf dem Schnittlayout angegeben ist. Dabei ist darauf zu achten, daß die Fadenverlaufslinie auf dem Schnittmuster exakt parallel zur Webkante des Stoffes liegt. Beschweren Sie jedes Schnittmusterteil mit Gewichten.

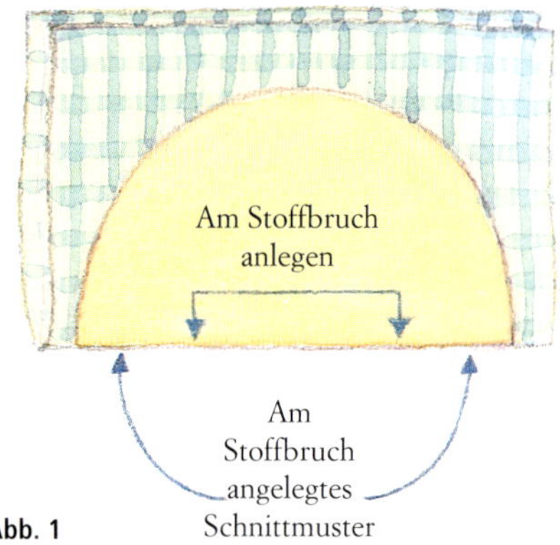

Abb. 1

Wenn im Schnittmuster angegeben ist »Am Stoffbruch anlegen«, legen sie das entsprechende Teil mit der markierten Kante genau an der Faltkante des Stoffes an (Abb. 1). Dieses Teil dann doppelt ausschneiden, wobei jede Hälfte ein spiegelverkehrtes Abbild der anderen ist. Wenn die Faltkante sich wellt, bügeln Sie das Teil.

Muster bündig machen

Wenn Sie mit Karo- oder größer gemusterten Stoffen arbeiten, sollten die Muster an den Nähten übereinstimmen. Finden Sie heraus, welche Kanten zusammengenäht werden, legen Sie sie nebeneinander und ziehen Sie über beide eine Linie (Abb. 2).

Legen Sie die Schnittmusterteile so auf den Stoff, daß diese bündigen Linien exakt an gleicher Stelle auf dem Karo- oder sonstigen Muster liegen (Abb. 3). Bei großen Teilen wie z.B. Vorhängen sollten Sie den Rapport abmessen und an jeder Länge entsprechend viel Stoff zugeben, um eine gute Musterübereinstimmung zu erreichen.

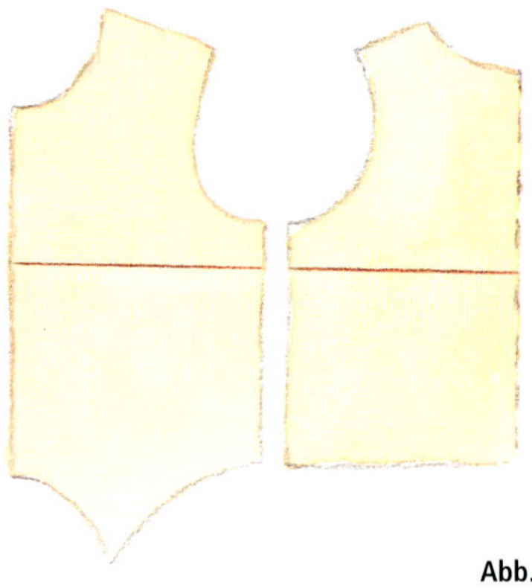

Abb. 2

Abb. 3

Stoff markieren und zuschneiden

Den Umriß jedes Schnittmusterteils mit Schneiderkreide oder ganz behutsam mit Bleistift auf dem Stoff anzeichnen, dabei sehr darauf achten, daß das Papier nicht verrutscht und der Bleistift den Stoff nicht zerrupft. Probieren Sie die Kreide zunächst auf einem Stoffrest aus, um sicherzugehen, daß sie den Stoff nicht dauerhaft verfärbt. Wenn Sie an eine Kerbe kommen, kennzeichnen Sie sie, indem Sie das Papier etwas zurückschlagen und im rechten Winkel zur Umrißlinie eine winzige Markierung anbringen. Das Papier entfernen. Wenn der Stoff doppelt genommen wird, stecken Sie die beiden Hälften an den Kanten mit Nadeln zusammen, damit die Stofflagen beim Arbeiten nicht verrutschen.

Jedes Teil sorgfältig ausschneiden: Versuchen Sie mit langen Schnitten, d.h. mit der vollen Länge der Klingen, zu arbeiten, da dies zu glatten Kanten führt.

Schrägband

Das ist ein schmales Stoffband, das »schräg«, d.h. in einem 45-Grad-Winkel zur Webkante geschnitten wurde, weshalb es besonders form- und dehnbar ist. Es wird zum Einfassen von Kanten, zum Herstellen von Paspeln und Schleifen und überhaupt für alles verwendet, wo Dehnbarkeit verlangt ist, ob es sich um das Arbeiten um Ecken und Bögen handelt oder um weiches Fallen. Wenn die Streifen nicht im richtigen Winkel geschnitten sind, verdrehen sie sich leicht. Kleine Mengen Schrägband lassen sich gewöhnlich zwischen den Teilen des Schnittlayouts unterbringen. Größere Mengen lassen sich aus einem separaten Stoffstück ausschneiden.

Schrägband ausschneiden und annähen

1 Die Diagonale zum Fadenverlauf bestimmen: den Stoff längs auf die Hälfte falten, Webkanten übereinanderlegen und glattstreichen. Kerben durch beide Webkanten einschneiden (siehe Abb. 4).

2 Den Stoff auseinanderfalten und flach ausbreiten. Zwischen den beiden Kerben eine gerade Linie anzeichnen und Stoff entlang dieser Linie abschneiden (Abb. 4).

3 Das abgeschnittene Ende zur Webkante hin umschlagen, die entstehende Faltkante glattklopfen (Abb. 5) und bügeln.

4 Den Stoff glatt ausbreiten. Mit Schneiderkreide der gewünschten Breite entsprechend auf beiden Seiten der Faltkante Linien anzeichnen und entlang diesen Linien ausschneiden (Abb. 6).

5 Schrägband zusammennähen: Streifen rechts auf rechts und im rechten Winkel aufeinanderlegen (Abb. 7). Feststecken und zusammennähen. Naht aufklappen, bügeln (Abb. 8), Ecken abschneiden.

Abb. 4

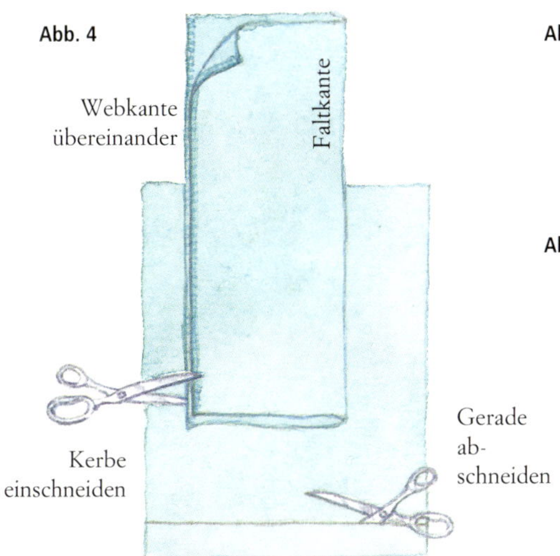

Abb. 5

Abb. 6

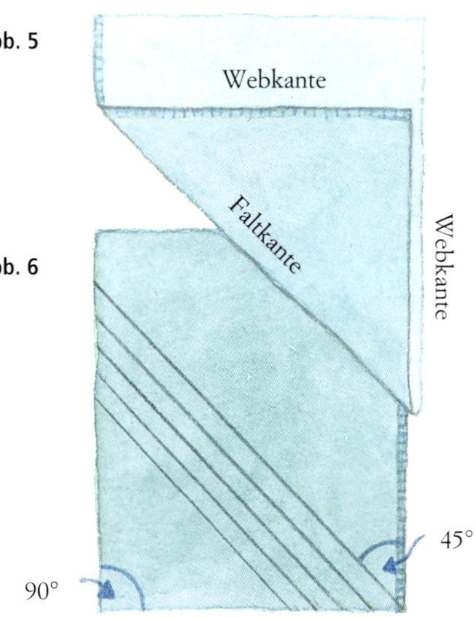

Abb. 7

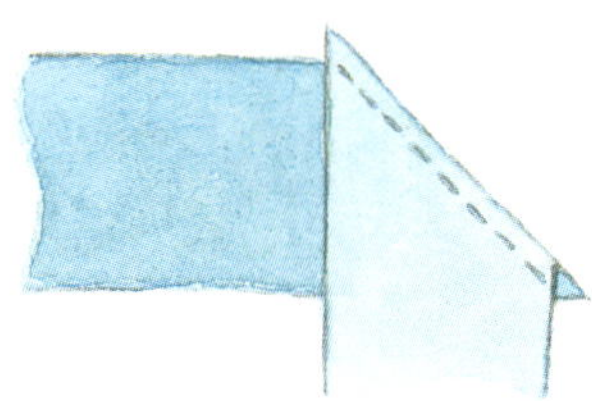

Abb. 8

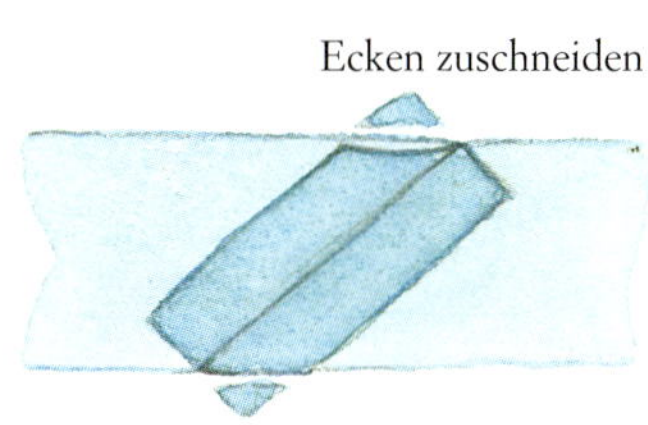

Vor dem Nähen

Sobald alle Teile ausgeschnitten sind, macht man sich oft etwas übereilt ans Nähen, ohne sich einen sinnvollen Arbeitsablauf zurechtzulegen. Bei den in diesem Buch vorgestellten Handarbeiten ist das kein Problem – Sie brauchen ja nur der Anleitung zu folgen. Wenn Sie aber einen eigenen Entwurf in die Tat umsetzen, sollten Sie jeden Schritt sorgfältig planen, um die Arbeit so einfach und übersichtlich wie möglich zu gestalten. Die Hinweise auf dieser Seite sollen Ihnen dabei helfen, eine Arbeit auf möglichst ökonomische Weise fertigzustellen. Und wenn Sie einmal einen Fehler machen, denken Sie daran, daß es leichter ist, eine Naht aufzutrennen, als sich bis zum bitteren Ende mit einer vermurksten Arbeit abzuquälen.

Reihenfolge beim Nähen

- Verzierungen wie Biesen (siehe Seite 72) werden gewöhnlich zuerst ausgeführt.
- Einlagen (siehe Seite 32) werden in den allermeisten Fällen eingesetzt, bevor irgendwelche Nähte gemacht werden.
- Da sich sehr große Stücke nur recht umständlich mit der Maschine nähen lassen, näht man sie am besten erst zusammen, wenn die kleineren Teile vernäht sind. Anders ausgedrückt: Versuchen Sie beim Nähen mit der Maschine, stets mit der kleinstmöglichen Stoffmenge zu arbeiten.
- Überlegen Sie sich, welche Art von Nähten sie ausführen wollen, und ob sie als sichtbare Naht genäht oder paspeliert werden sollen. In letzterem Fall wird zuerst die Paspel gemacht (siehe Seite 82/83).

Feststecken

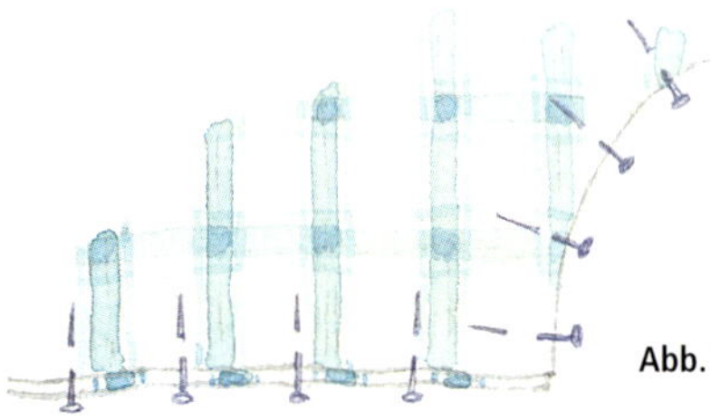

Abb. 1

Mit den meisten Nähmaschinen lassen sich Stecknadeln übernähen, wenn diese im rechten Winkel zur Nahtlinie eingesteckt wurden (Abb. 1); dadurch kann man die genaue Nahtzugabe leichter abschätzen, und die Nadeln lassen sich leichter entfernen, wenn alle Köpfe rechts liegen. Drosseln Sie stets das Nähtempo, wenn Sie über eine Nadel nähen, um sicherzugehen, daß die Nadel nicht getroffen wird. Wenn dies mit Wucht geschieht, bricht die Maschinennadel ab. Nähen Sie nie über die Nadelköpfe. Sie können die Stecknadeln entweder beim Nähen entfernen oder wenn die Naht fertig ist. Wichtig ist, daß Sie sämtliche Stecknadeln entfernen, ehe Sie sich an den nächsten Arbeitsschritt machen.

Wenn die Stecknadeln direkt auf der Nahtlinie sitzen – wie etwa beim Einsetzen eines Reißverschlusses –, stecken Sie sie so in die Nahtlinie, daß die Köpfe zu Ihnen zeigen. Sie können die Nadeln dann leichter herausziehen, wenn Sie sich ihnen mit der Maschine nähern.

Heften

Normalerweise muß nicht geheftet werden. Nähen Sie stattdessen direkt über die festgesteckte Linie (siehe oben). Das geht schneller, und es fallen keine kniffligen Fadenenden an, die es hinterher herauszuziehen gilt. Sollte jedoch einmal ein schwieriges Stück auftauchen, verwenden Sie ein Garn in einer Kontrastfarbe, und markieren Sie nur die Nahtlinie mit Heftstichen; in diesem Fall lassen sich die Heftfäden nach dem Nähen leichter entfernen.

Heftstiche dürfen so groß sein, wie sie wollen, solange sie die zu vernähenden Teile zusammenhalten. Wenn Sie ein Kleidungsstück zur Anprobe zusammenheften, machen Sie die Stiche kleiner und arbeiten hie und da einen Rückstich ein, damit die Stücke auch zusammenhalten, wenn man hineinschlüpft.
Auch mit der Nähmaschine kann man heften, wobei man zumeist den größten Stich verwendet. Einige Maschinen haben einen eigenen Heftstich.

Nahtzugaben

Abb. 2

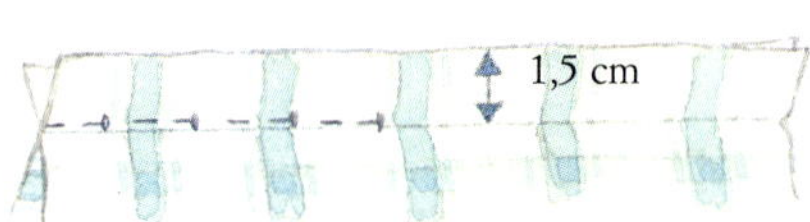

Die Nahtzugaben betragen bei allen Schnittmustern 1,5 cm (Ausnahmen werden extra angegeben), was auch für Ihre eigenen Entwürfe ein vernünftiges Maß ist (Abb. 2). Dabei ist es wichtig, daß die Nähte genau im vorgeschriebenen Abstand zur Schnittkante ausgeführt werden, damit alles paßt.

Bügeln

Um des schönen Gesamtbildes willen muß jede Naht erst aufgeklappt und auseinandergebügelt werden, ehe sie von einer anderen Naht überquert wird. Es spart Zeit, wenn Sie mehrere Nähte setzen und alle gemeinsam bügeln. Testen Sie die richtige Bügeltemperatur auf einem Stoffrest.

Stichlänge

Die meisten Nähmaschinen haben Stichlängen, die von 0 bis 4 reichen. Für die meisten Stoffe von mittlerem Gewicht empfiehlt sich eine Stichlänge von ca. 2,5. Für schwerere Stoffe sollten Sie längere Stiche verwenden, für leichtere Stoffe kürzere Stiche. Wenn Sie einen zu kurzen Stich wählen, wird die Naht vielleicht zu steif; bei zu langen Stichen, können auf der Oberseite des Stoffes die Lücken sichtbar sein. Sie werden aber bald selbst herausbekommen, welche Stichlänge sich für welchen Stoff eignet. Die Betriebsanleitung Ihrer Nähmaschine zeigt Ihnen, wie man die Fadenspannung einstellt, wenn die Maschine keine ordentlichen Stiche zustandebringt.

Die gebräuchlichsten Stiche

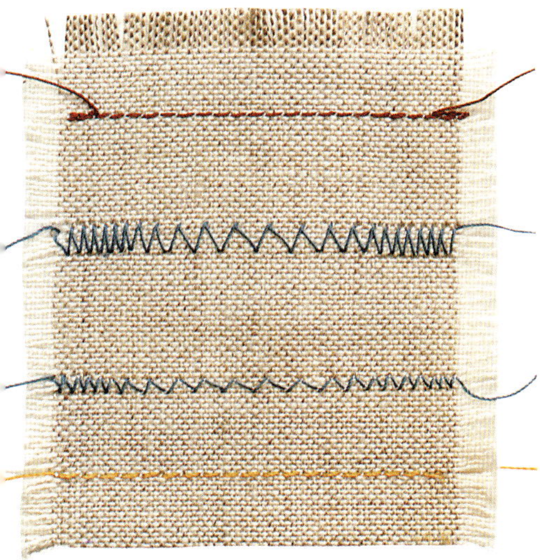

Maschinenstiche

Geradstich und Rückstich

Der Geradstich ist der grundlegendste Stich, den jede Maschine – auch rückwärts – ausführt. Die Größe kann man dabei einstellen (siehe oben).

Zickzackstich

Ein Stich, den die meisten modernen Nähmaschinen beherrschen. Er wird oft zum sauberen Abschließen von Kanten (siehe Seite 27), für Knopflöcher, als dekorativer Stich zum Einfassen von Rändern oder bei der Maschinenstickerei eingesetzt. Stichlänge bzw. -zwischenraum lassen sich verstellen.

Sichtbare Naht

Bei der sichtbaren Naht werden die Stiche nicht auf der Stoffunterseite versteckt, sondern von rechts, d.h. auf der Oberseite gearbeitet, und zwar in einem Abstand von ca. 3 mm zu einer fertigen Kante oder Naht. Mit dieser Technik werden Nähte und verstürzte oder gesäumte Kanten ganz akkurat abgeschlossen. Mit einem Garn in einer Kontrastfarbe wirkt er dekorativ.

Kantenstich

Mit diesem Stich kann man Besatz auf die linke Stoffseite rutschen lassen, wo er dann auch bleibt. (Methode siehe Seite 35).

Verriegelungsstich

Ein gerader Stich, mit dem man verhindert, daß schwache Stellen reißen oder aufgehen, und mit dem man Kanten verstärkt, die sich sonst dehnen würden.

Handstiche

Vorstich

Nehmen Sie eine Nadel mit Faden, machen Sie an dessen Ende einen Knoten und stechen Sie den Faden abwechselnd ein und aus. Mit kleinen Stichen zum Kräuseln benutzen (siehe Seite 70), mit großen Stichen zum Heften (siehe gegenüberliegende Seite).

Rückstich

Nehmen Sie eine Nadel mit Faden, und machen Sie in dessen Ende einen Knoten. Der Stich wird von rechts nach links gearbeitet, indem man auf der Stoffunterseite einen langen Stich nach oben aussticht und auf der Oberseite einen kurzen Stich nach hinten in die jeweils vorletzte Ausstichstelle ausführt.

Hohlstich

Siehe Seite 28

Überwendlich nähen

Eine nützliche Technik für saubere Kanten (siehe Seite 27).

Vollendet arbeiten

Bevor Sie mit dem Nähen beginnen, sollten Sie sich einmal all die Dinge, die Sie herstellen können, genießerisch vor Augen halten: hübsche Arbeiten, mit denen Sie Ihr Zuhause schmücken, oder vielleicht ein paar einfache Kleidungsstücke, die frischen Wind in Ihre Garderobe bringen. Es gibt viele Arbeiten, an die sich auch Neulinge in der Kunst des Nähens mit Erfolg wagen können.

Zu Beginn sollten Sie Ihren Ehrgeiz etwas zügeln und sich mit den einfachsten Vorhaben begnügen, bis Ihnen der Umgang mit Schere und Nähmaschine und die sonstigen Anfangsgründe der Schneiderei vertraut sind. Auf diese Weise legen Sie sich nach und nach einen Grundstock an Fertigkeiten zu, auf die Sie dann bei schwierigeren Arbeiten zurückgreifen können. Lesen Sie bei jeder Arbeit zuerst die gesamte Anleitung durch, damit Sie eine Vorstellung davon bekommen, wie das Ganze zusammengehört. Probieren Sie alle Techniken, die Ihnen neu sind oder kompliziert vorkommen, zuerst auf Stoffresten aus. Dann brauchen Sie nur noch Schritt für Schritt der Anleitung zu folgen, um die Arbeit Ihrer Wahl fertigzustellen.

Nähte

Es gibt zwei grundlegende Arten von Nähten. Flache Nähte sind dabei die einfachsten und nützlichsten. Sie lassen sich auf so gut wie jedem Stoff verwenden und passen sich Bögen und Ecken wunderbar an. Eine französische oder verdeckte Naht nimmt man zumeist für leichte Stoffe, bei denen beide Seiten gleichermaßen adrett aussehen müssen. Aus diesem Grund sei sie wärmstens für transparente Stoffe empfohlen. In der Ausführung ist sie eine Idee komplizierter als eine flache Naht und sie läßt sich auch nur schwer um Ecken und Kurven arbeiten. Auf schweren Stoffen trägt eine solche Naht zu sehr auf.

Nähte
Flache Naht

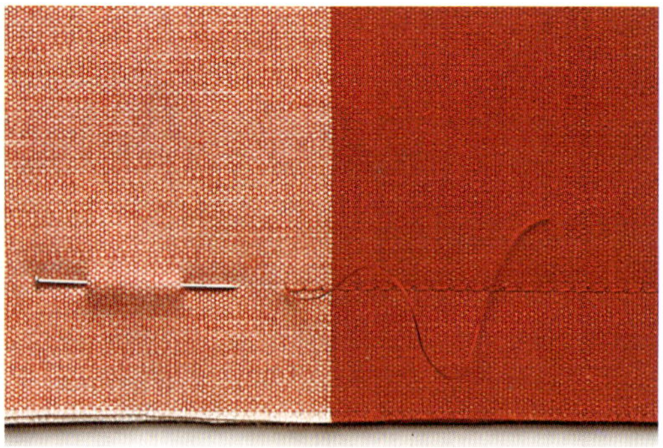

1 Die zwei zusammenzunähenden Stoffstücke rechts auf rechts aufeinanderlegen. Die Kanten bündig machen und zusammenstecken (siehe Seite 22).
2 Die zusammengesteckten Stücke in die Nähmaschine geben, dabei ist die Stoffkante auf der rechten Seite. Diese Kante unter dem Nähfuß hindurchführen, bis die Nadel genau den für die Nahtzugabe gedachten Abstand zur Schnittkante hat und sich 5 bis 6 mm vom Ende entfernt befindet.
3 Nähfuß senken. Drei oder vier Rückstiche bis zum Ende der Kante machen und dann vorwärts entlang der Nahtlinie nähen, und dabei stets die genaue Nahtzugabe einhalten. Die Naht von Stecknadel zu Stecknadel arbeiten, Stoff dabei mit den Händen nachführen. Am Ende mit einigen Rückstichen vernähen.
4 Wenn die Kanten sauber abgeschlossen sind (siehe gegenüberliegende Seite), bügeln Sie die Nahtzugaben auseinander oder gegebenenfalls auf eine Seite. Es kann auch mit einer sichtbaren Naht abgeschlossen werden (siehe Seite 23).

Französische Naht

1 Die zwei Stücke, die zusammengenäht werden sollen, links auf links legen, Kanten und Enden bündig aufeinanderlegen (siehe oben). 5 mm von den Enden entfernt, mit Nahtzugabe von 1,5 cm feststecken und nähen (wie oben). In diesem Fall arbeitet man auf der rechten Stoffseite (Abb. 1).
2 Wenn die Kante der Nahtzugabe ungleichmäßig oder ausgefranst ist, vorsichtig zu einer geraden Kante zuschneiden und dafür sorgen, daß keine losen Fäden aus der Naht herausschauen.
3 Nahtzugabe von rechts vorsichtig auf eine Seite umbügeln. Den Stoff sauber an der Naht umschlagen, so daß die rechten Stoffseiten aufeinander zu liegen kommen, und nochmals bügeln. Die Naht sollte nicht auf die Seite rutschen.
4 Auf der linken Stoffseite arbeiten und in 1 cm Abstand von der ersten Naht feststecken und nähen (Abb. 2).
5 Die Nahtzugabe vorsichtig auf eine Seite umbügeln (Abb. 3).

Damit haben Sie eine saubere Naht, bei der die abgeschnittenen Kanten in der zweiten Nahtlinie versteckt sind. Je schmäler eine solche Naht ist, desto besser sieht sie aus. Ändern Sie also die Nahtzugabe je nach Wunsch ab.

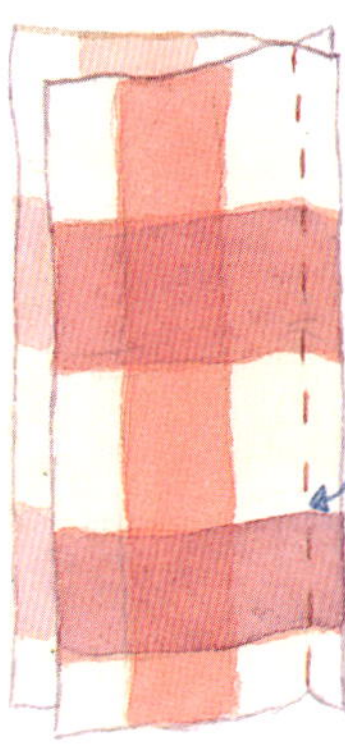

Abb. 1

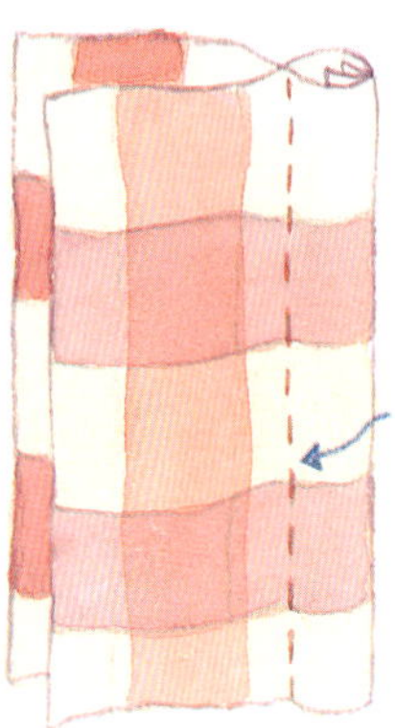

Abb. 2

Abb. 3

Kanten versäubern

Es gibt drei Methoden, um Kanten zu versäubern.

1 Nähen Sie mit Zickzackstich, wobei eine Seite des Stiches über die Stoffkante geht (Abb. 4a). Stellen Sie die Stichgröße so ein, daß der Stich offen und breit genug ist, um über mehrere Gewebefäden zu gehen. Wenn der Zickzackstich die Kante versteift, probieren Sie einen größeren Stichabstand aus. Im Rahmen der Hobbyschneiderei ist dies der praktischste Abschluß, der auf allen Stoffen sauber genug aussieht, bei denen man die linke Seite normalerweise nicht sieht. Am besten führt man ihn aus, bevor man die Nähte umbügelt; die zwei Kanten kann man einzeln oder zusammen mit Zickzackstich nähen.

2 Bei dünneren Stoffen kann man die Kante um ca. 5 mm auf die linke Stoffseite umschlagen und mit Geradstichen (Abb. 4b) annähen. Am leichtesten geht das, wenn man auf Anstecken oder Bügeln verzichtet. Das ergibt eine saubere Kante, auch bei Arbeiten, deren Rückseite man sieht.

3 Wenn Ihre Maschine keinen Zickzackstich kann, können Sie das Ausfransen der Kante durch überwendliches Nähen von Hand verhindern (Abb. 5). Manchmal liegt das Heil beim überwendlichen Nähen nur in riesigen Stichen, vor allem bei dicken oder locker gewebten Stoffen, wo der Zickzackstich nur einen oder zwei Fäden erfassen würde, was aber nicht ausreicht, um das Ausfransen zu verhindern.

Abb. 4a Zickzack **Abb. 4b** umgeschlagene Kante

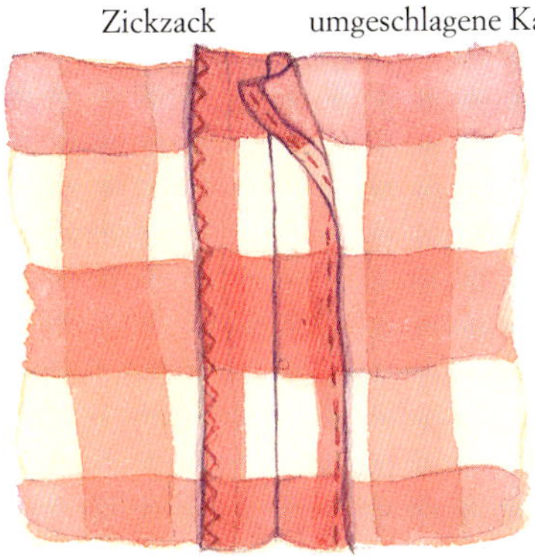

Abb. 5

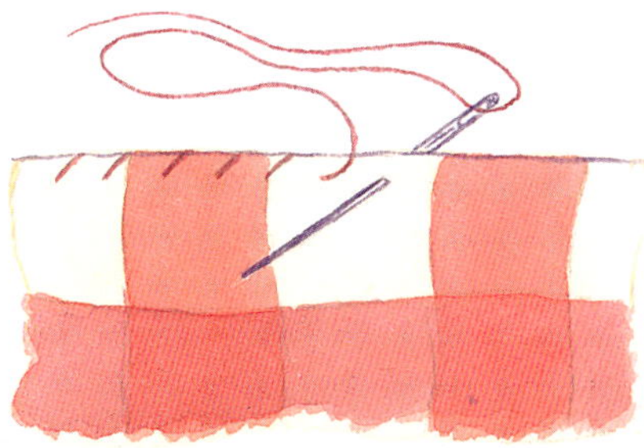

Tips für bessere Nähte

- Machen Sie stets eine Testnaht auf Stoffresten. Verändern Sie die Stichlänge, bis die Naht vollkommen glatt ist. Sollte sich die Naht wellen, versuchen Sie, die Fadenspannung zu verändern.
- Kerben zeigen Ihnen an, wo welche Stoffstücke hingehören, und wie sie zusammenpassen.
- Verstärken Sie beide Enden einer Naht mit Rückstichen, da sie sich sonst vielleicht aufdröseln und die Naht schwächen. Schneiden Sie Fadenenden ab, die sich verfangen könnten.
- Verwenden Sie nur qualitativ hochwertiges Garn.
- Überprüfen Sie, ob beide Seiten einer Naht die gleiche Länge haben, bevor Sie sie anstecken oder heften.
- Einige Stoffe dehnen sich leicht. Dem begegnen Sie, indem Sie schmale Stoffstreifen in alle Nähte einsetzen, die später vielleicht Zug aushalten müssen.
- Zuviel Druck auf dem Nähfuß kann dazu führen, daß sich Nähte dehnen; bei zu wenig Druck läuft der Stoff nicht sauber durch die Maschine.
- Wenn Sie mit Florstoffen wie etwa Samt nähen, neigt die obere Lage Stoff dazu, über die untere zu »wandern«. Wenn die Naht geheftet wird, bilden sich auf deren ganzer Länge kleine Fältchen; wenn man Sie feststeckt, wird eine Lage länger sein als die andere. Hier schafft man Abhilfe, indem man entweder zuerst die Stecknadeln im rechten Winkel zur Naht und mit kleineren Zwischenräumen als gewöhnlich einsteckt oder die Stoffteile fest zusammenheftet. Dann hält man den Stoff mit der rechten Hand vor der Maschine und mit der linken Hand hinter der Maschine und zieht die Hände vorsichtig auseinander, um den Stoff zu spannen. Arbeiten Sie die Naht, und lassen Sie den Stoff in dem Tempo durch die Maschine gleiten, in dem die Stiche ausgeführt werden. Von Nadel zu Nadel arbeiten, und dabei die Hände nachführen.

Säume

Ein gut gearbeiteter, von Hand genähter Saum ist praktisch unsichtbar, mit der Maschine genähte Säume dagegen sind stärker, gehen nur selten auf und können einen adretten, sauberen Abschluß bilden. Gefütterte Vorhänge werden jedoch stets von Hand gesäumt, und empfindliche oder sehr glatte Stoffe wie Satin sehen gewöhnlich mit einem handgenähten Saum besser aus. Ansonsten ist es Geschmackssache, welche Methode Sie bevorzugen.

Gerade Säume

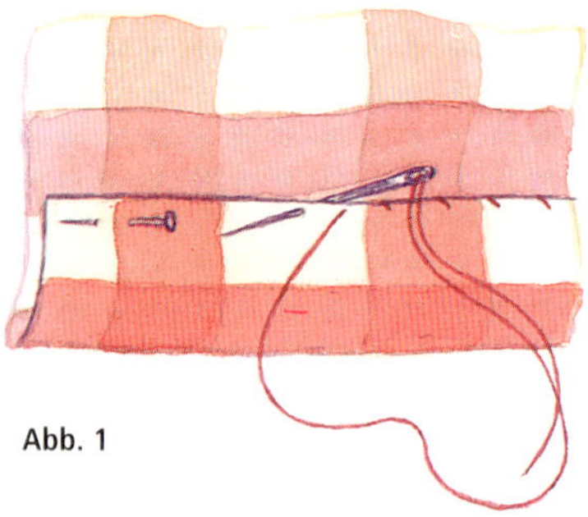

Abb. 1

1 Die zu säumende Kante mit der linken Stoffseite nach oben auf ein Bügelbrett legen. Schlagen Sie eine kurzes Stück dieser Seite um die vorgesehene Saumzugabe (z.B. 5 cm) auf die linke Stoffseite um. Bügeln, dann das nächste Stück umschlagen und erneut bügeln, und so fortfahren, bis der gesamte Saum umgebügelt ist. Sie sollten eine fließende Saumlinie anstreben.

2 Wenn Sie ein Kleidungsstück anfertigen, stecken Sie den Saum zunächst und probieren es an. Bei anderen Arbeiten den ganzen Saum fallenlassen oder auslegen, um zu überprüfen, ob er gerade ist.

3 Stecknadeln entfernen und Saumzugabe zuschneiden, damit der ganze Saum die gleiche Länge hat.

4 Die Saumkante nach der geeignetsten Methode (siehe Seite 27) versäubern; denken Sie daran, daß gerade dickerer Stoff mit Zickzackstich weniger wulstig wird. Die versäuberte Kante bügeln und, falls nötig, die Faltkante erneut bügeln. Handgenähte Säume sollten Sie nicht über die versäuberte Kante bügeln, da das Abdrücke verursachen kann.

5 Mit der Maschine genähte Säume können auf der linken oder der rechten Stoffseite genäht werden, obwohl es bei karierten oder gestreiften Stoffen natürlich auf der rechten Seite leichter ist, einer Linie des Musters zu folgen. In diesem Fall benutzen Sie die Stecknadeln sowohl zum Befestigen des Saums als auch als Orientierungshilfe zum Nähen an der Saumkante. Wenn Sie auf der linken Stoffseite arbeiten, können die Stecknadeln im rechten Winkel zur Kante eingesteckt werden. Handgenähte Säume werden stets festgesteckt und von der linken Stoffseite aus genäht.

Mit der Maschine säumen:

6 Den Saum dicht an der versäuberten Kante festnähen und dabei beide Enden der Naht mit Rückstichen oder sich überschneidenden Stichen verstärken. Manchmal bietet es sich an, den Stoff etwas zu spannen (siehe Seite 27), was verhindert, daß sich der Stoff wellt. Bügeln.

Mit der Hand säumen:

7 Von links mit einem langen Faden Hohlstiche arbeiten (Abb. 1). Den Faden fest auf der versäuberten Stoffkante vernähen. In den Oberstoff einstechen und dabei nur einen oder zwei Gewebefäden erfassen. (Die Stiche dürfen auf der rechten Stoffseite nicht sichtbar sein). Mit einem etwas größeren Stich in die Saumkante zurückstechen. So von Seite zu Seite fortfahren, dabei Stiche gleichmäßig und mit kleinem Abstand arbeiten und darauf achten, daß sie beim Nähen nicht festgezogen werden. Bügeln.

Dekorative Abschlüsse

Doppelreihe von Maschinenstichen

Abb. 2

- Maschinengenähte Säume verschönen, wenn sie dicht an der freien Kante und der Faltkante festgenäht werden. Das geschieht mit einer Doppelreihe von Stichen (Abb. 2).
- Wenn man Stoff mit gleicher Vorder- und Rückseite benutzt, kann man den Saum sichtbar machen, indem man ihn auf die rechte Seite umschlägt.
- Zu Dekorationszwecken kann man anstelle von Säumen auch Zierbesatz verwenden. Dazu kann man Stoff mit einer kontrastierenden Farbe oder Oberfläche hernehmen, ebenso Futterstoff, wenn der Oberstoff eher dick aufträgt (siehe Seite 35 zum Ausschneiden von Besatz). Der Besatz kann entweder auf die übliche Weise aufgenäht oder auf die Rückseite genäht und zu einem Band auf die rechte Seite umgeschlagen werden. Das freie Ende sollte dann mit einer sichtbaren Naht angenäht werden.

Runde Nähte

Runde Nähte werden ähnlich wie gerade Säume gearbeitet, es ist aber schwieriger, sie genau zusammenzusetzen. Hier erfahren Sie, wie man die verschiedenen Probleme, die einem dabei begegnen, löst.

Die Verwendung runder Nähte

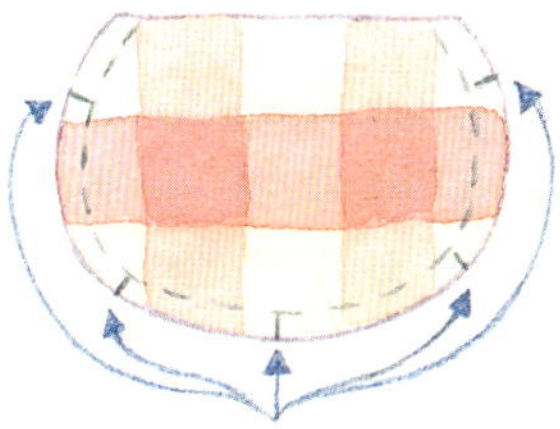

Abb. 3 Kerben

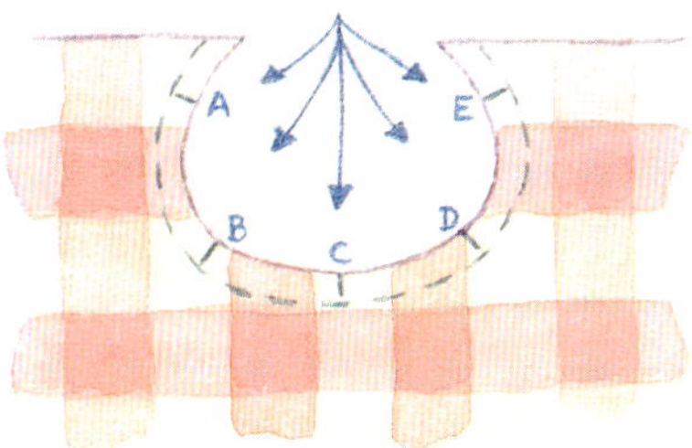

Runde Nähte findet man an zweierlei Stellen:

- wenn sie für eine Verzierung, wie z.B. als runder Einsatz auf einem Kissenbezug verwendet werden, oder
- wenn der Stoff Kurven oder Bogenformen bilden muß. In diesem Fall wird manchmal eine Seite der Naht länger geschnitten als die andere (Schritt 2, unten).

Runde Nähte ausführen

1 Die einander entsprechenden Kerbenpaare zusammenstecken (Abb. 3), dabei an einem Ende beginnen.

2 Wenn der Stoff zwischen zwei Kerbenpaaren auf einer Seite länger ist als auf der anderen, muß er gerafft oder eingehalten werden, um zusammenzupassen (siehe Seite 70). Machen Sie entsprechende Kräuselstiche und ziehen Sie den Stoff so zusammen, daß er paßt.

3 Die Naht zusammenstecken (Stecknadeln im rechten Winkel zur Kante).

4 Die Naht arbeiten, dabei auf die korrekte Nahtzugabe achten. Wenn der Stoff gerafft wurde, läßt sich die Naht leichter anbringen, wenn die flache Seite nach oben zeigt.

Paßgenauigkeit ist möglich!

Bitte beachten Sie:

- Was übereinstimmen muß, sind die Nahtlinien, nicht die Kanten.
- Die zwei Seiten passen vielleicht deshalb nicht zusammen, weil die falsche Nahtzugabe genommen wurde.
- Eine runde Naht wird nur teilweise dem Fadenverlauf des Stoffes folgen können, weshalb sich die Teile der Naht, die außerhalb des Fadenverlaufs liegen, beim Nähen gern verziehen. Auf Seite 27 erfahren Sie, was man in diesem Fall tut.

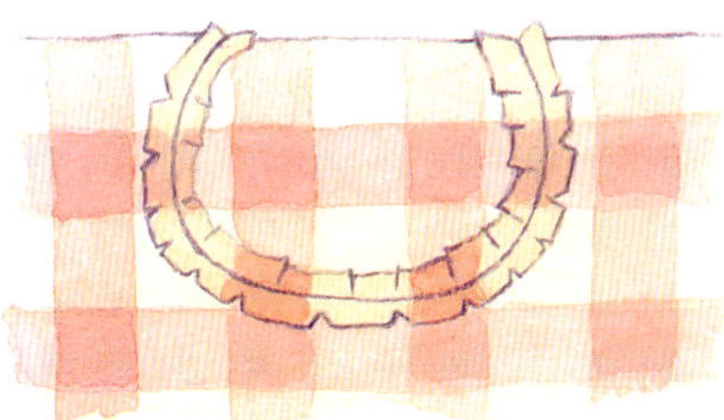

Abb. 4

Nahtzugaben anliegend machen

Im Inneren eines Bogens wird die Nahtzugabe üppig sein und Wellen bilden, während sie an der Außenseite der Kurve zu klein ist, um glatt anzuliegen.

1 Die Nahtzugabe im Kurveninneren bügeln und dabei, wenn nötig, dreieckige Fältchen machen, um dem Stoff Fülle zu nehmen (Abb. 4).

2 Die Nahtzugabe an der äußeren Kante zur Nahtlinie hin einschneiden. Diese Einschnitte öffnen sich, und die Nahtzugabe liegt flach auf (Abb. 4). Bei engen Kurven muß man oft bis auf einen oder zwei Fäden Abstand zur Nahtlinie einschneiden. Wenn die Naht also irgendwie belastet wird, nähen Sie eine Reihe Verriegelungsstiche über die ursprüngliche Naht, um sie zu verstärken.

Runde Säume

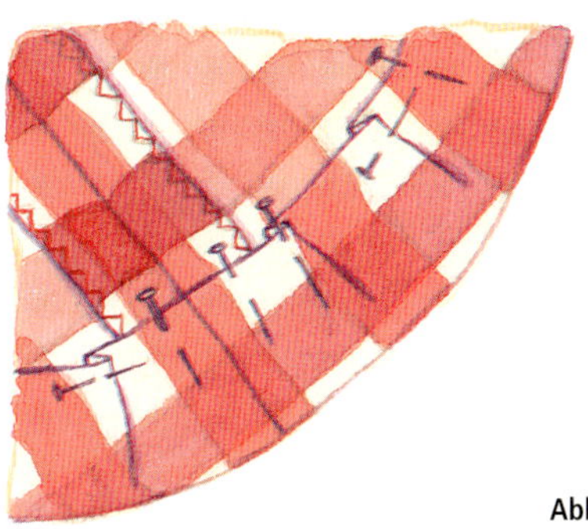

Abb. 5

Runde Säume sind problematisch, weil sich zusätzliche Stoffballungen ergeben, wenn man die Kante umschlägt.

1 Je enger die Kurve ist, desto schmäler sollte der Saum ausfallen.

2 Versuchen Sie die Schnittkante durch Bügeln zum Einlaufen zu bringen.

3 Wenn noch ein Stoffüberschuß bleibt (oder ein breiterer Saum erforderlich ist), bilden Sie am Rand kleine Fältchen, um ihn zu vermindern. Machen Sie dies auf dem Bügelbrett und mit dem Umschlag nach oben, damit Sie genau sehen können, wo die Stoffülle von selbst liegt, und bilden Sie nur an diesen Stellen die kleinen Falten (Abb. 5). Um Verdickungen zu vermeiden, Falten in einigem Abstand zu den Nähten legen.

4 Mit Hohlstichen oder mit der Maschine wie geraden Saum festnähen.

5 Manchmal besteht der praktischste Abschluß für einen runden Saum darin, ihn mit einem Zierbesatz zu versehen (siehe gegenüberliegende Seite), für den man den gleichen oder einen leichteren Stoff verwendet.

Ecken

Manchmal muß man saubere, glatte Ecken oder Spitzen nähen, wie z.B. an Krägen oder dem Kissen mit Hasenohren auf Seite 58. In diesen Fällen und auch beim Schrägschneiden von Ecken sorgt nur eine gute Technik für befriedigende Resultate.

Ecken und Spitzen nähen

1 Stoff und Zierbesatz (siehe Seite 34) rechts auf rechts zusammenlegen und -stecken. Manchmal wird das Besatzstück ein wenig kleiner geschnitten als der Oberstoff, damit die Nähte leichter auf die linke Seite wandern: In diesem Fall sorgen Sie beim Feststecken dafür, daß die Kanten absolut beisammenbleiben.
2 Bis an die Ecke mit der Maschine zusammennähen, die Nadel im Stoff lassen, den Nähfuß anheben und den Stoff herumdrehen, so daß der Fuß die zweite Kante entlang zeigt, Fuß senken und bis ans Ende nähen.
3 Die ursprünglichen Stiche an jeder Seite der Ecke auf einer Länge von 2–3 cm mit einer Reihe kleiner Verriegelungsstiche verstärken; damit wird auch verhindert, daß die Spitze ausfranst, nachdem der Stoff zugeschnitten wurde.
4 Stoff um die Spitze herum zurückschneiden, bis unmittelbar an die doppelte Nahtlinie heran. Je spitzer das Eck, desto mehr Stoff muß weggeschnitten werden.
5 Stoff auf rechts wenden, und wenn Sie genug weggeschnitten haben, werden Sie jetzt mit einer spitzen Ecke belohnt. Kräftig von links bügeln. Wenn die Ecke nicht flach aufliegt oder wulstig aussieht, haben Sie nicht genug Stoff weggeschnitten. Wenn die Ecke einen kleineren Winkel als 90 Grad hat, müssen Sie vielleicht eine stumpfe Stricknadel oder Ähnliches hineinschieben, um die Spitze umwenden zu können.

Briefecken

Briefecken sind sinnvoll, wenn es sich um Arbeiten wie die Umrandung einer Kissenhülle oder den »Rahmen« für eine Stickarbeit handelt. Schneiden Sie vier Streifen aus, wobei jedes größer ist als die Außenmaße des fertigen Rahmens, damit Sie die Ecken bilden können. Für bestimmte Größen ein Muster aus Papier fertigen.

Ausführen

1 Zwei Stoffstücke auf die erforderliche Breite zuschneiden, dabei auf beiden Seiten eine Nahtzugabe dazurechnen. Wenn Sie kleine Stücke nähen, machen Sie auch die Nahtzugabe kleiner als gewöhnlich: 1 cm genügt meistens.
2 Das schräg zu schneidende Ende so falten, daß es genau entlang der angrenzenden Seite liegt. Markieren Sie die Schräglinie mit einer Falte. Vorgang bei dem zweiten Stoffstück wiederholen, aber am entegegengesetzten Ende, so daß die beiden Streifen einen rechten Winkel bilden (Abb. 1).
3 Streifen auseinanderfalten, an jeder gefalteten Ecklinie eine Nahtzugabe einräumen und Ecken abschneiden.
4 Die zwei Stücke rechts auf rechts aufeinander legen (Abb. 2). Feststecken, nähen und die Nahtzugaben auseinanderbügeln (Abb. 3).

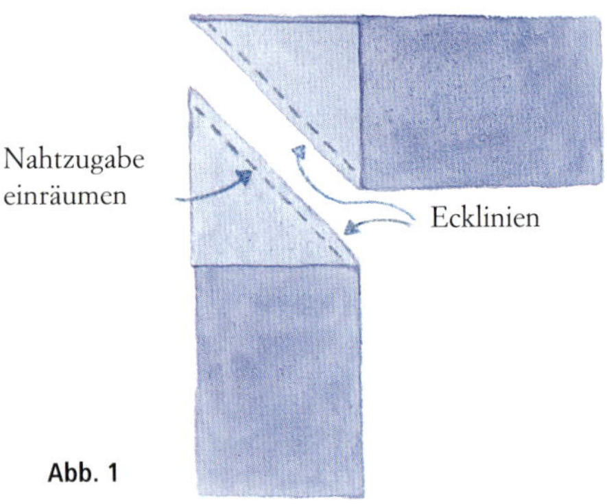

Abb. 1

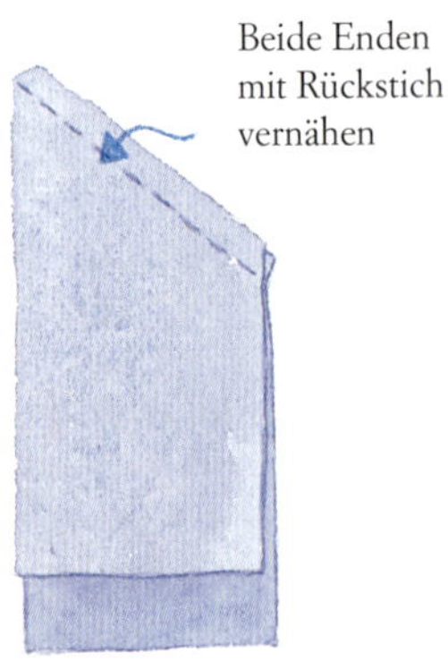

Abb. 2

Abb. 3

Aufgesetzte Nähte

Das Aufsetzen von Nähten ist eigentlich eine Alternative zur Herstellung von herkömmlichen Nähten, bei der nicht von innen genäht wird, sondern auf der oberen oder rechten Stoffseite. Diese Technik ist vor allem bei engen Kurven oder spitzen Winkeln sehr hilfreich. Damit lassen sich aber auch Nähte diagonal zum Fadenverlauf arbeiten, weil man sehen kann, wo man arbeitet und weil sich die Naht auf diese Weise nicht so leicht dehnt. Diese Überlapptechnik wird vor allem für Applikationen und andere Verzierungen verwendet.

Ecken aufsetzen

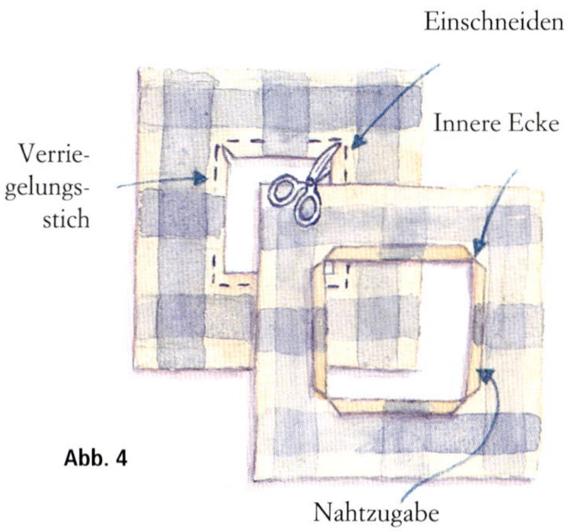

Abb. 4

Dabei gibt es zwei Methoden, je nachdem, ob die Nahtzugabe am inneren oder äußeren Rand der Ecke liegt, die über ein anderes Stoffstück gelegt wird.

1 Eine quadratische Rahmenform ausschneiden (Abb. 4). Schneiden Sie aus einem anderen Stoff ein kleineres Quadrat aus, das das Innere des Rahmens ringsum um mindestens 5 cm überschneidet, und ein großes Quadrat, das mindestens 8 cm größer ist als das Außenmaß des Rahmens.

2 Innere Ecken: Beide Seiten jeder inneren Ecke auf ca. 2 cm Länge mit Verriegelungsstichen umnähen (1 cm Abstand von der Kante). Die Ecken einschneiden und die Nahtzugabe sehr sorgfältig auf die linke Seite umbügeln (Abb. 4).

3 Dieses Stück mit der rechten Seite nach oben mittig auf das kleinere Quadrat legen und an der inneren Kante feststecken (Abb. 5). In 5 mm Abstand zur Kante mit der Maschine ringsum feststeppen. Die Nadel an den Ecken im Stoff lassen, und den Stoff jeweils in der Maschine in Nährichtung drehen.

4 Äußere Ecken: die Außenkanten des Rahmens auf die linke Seite umbügeln, die Nahtzugabe von 1 cm an den Ecken sauber einschlagen (Abb. 6).

5 Auf das große Quadrat legen, zentrieren, feststecken und wie oben in 5 mm Abstand zur Kante nähen (Abb. 7).

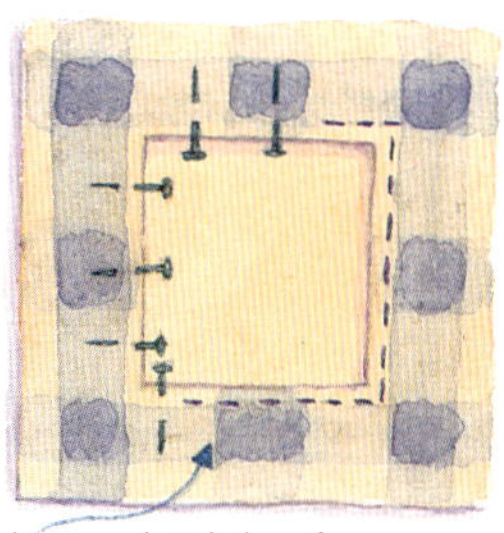

Abb. 5

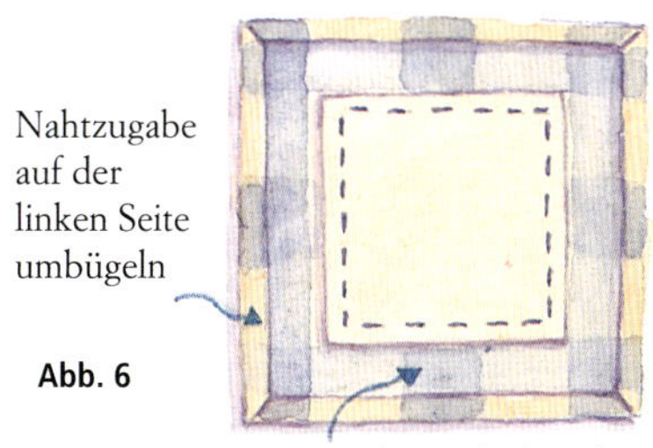

Abb. 6

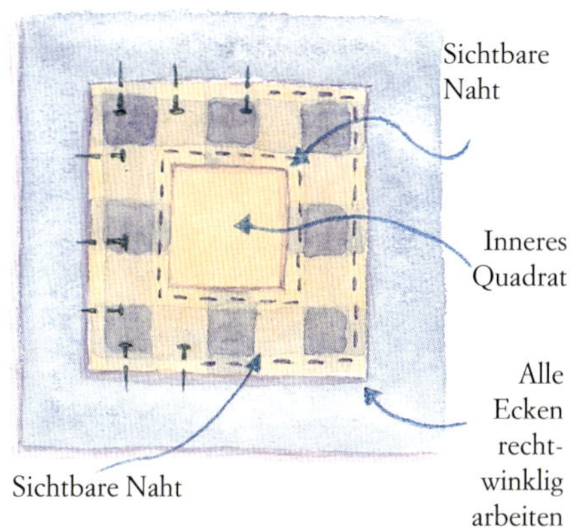

Abb. 7

Abgerundete Teile aufsetzen

Abb. 8

1 Nahtzugabe des Stücks, das appliziert wird, auf die linke Seite umbügeln.

2 Wo die Nahtzugabe außen an der Kurve sitzt, die Nahtzugabe nach und nach einschneiden, damit sie flach anliegt. Bei engen Kurven sollten die Einschnitte tiefer und dichter gemacht werden als bei weiteren, aber sie dürfen nie ganz durch die Nahtzugabe gehen (Abb. 8). Das macht man am besten auf dem Bügelbrett, wo man dann von der linken Stoffseite arbeitet und langsam und vorsichtig um alle Kanten bügelt.

3 Wo die Nahtzugabe an der Innenseite der Kurve liegt, wird sie zu füllig sein, um flach anzuliegen, bügeln Sie also kleine, dreieckige Falten hinein.

4 Das Stück von der rechten Stoffseite aus feststecken, wobei die gebügelten Kanten die Kanten des anderen Stücks sauber überlappen und mit einer sichtbaren Naht aufsteppen.

Duftiger Vorhang

Dieser Vorhang an einem Schlafzimmerfenster ist aus Baumwoll-Organza gefertigt, der den bauschigen Effekt des Schnittes noch verstärkt. Organza läßt sich gut schneiden und nähen, da er fest ist und sich nicht so leicht dehnt. Aber bei diesen geschwungenen Nähten sollte man trotzdem nicht am Stoff ziehen, da sonst die Nähte ihre Form verlieren könnten. Da es bei Organza keinen Unterschied zwischen Vorder- und Rückseite gibt, brauchen Sie sich über linke und rechte Stoffseiten keine Gedanken zu machen. Sie können auch andere Stoffe verwenden, solange sie den nötigen Schwung zum Bauschen haben. Mit gestärktem Voile oder Musselin läßt sich ein ähnlicher Effekt erzielen, aber beide benötigen einen breiteren und enger gearbeiteten Zickzackstich, damit das Gewebe nicht ausfranst. Der Vorhang ist fast ausschließlich mit Zickzackstichen genäht, mit dem die Teile zusammengesetzt und alle Kanten abgeschlossen werden. Auf der rechten Seite wird Garn in mehreren Farben benutzt, auf dem Foto sind das blasse Blau-, Grün- und Türkistöne. Es ist nicht nötig, die Farbe des Unterfadens entsprechend anzupassen, verwenden Sie einfach durchgängig Weiß.

Material

Für einen Vorhang von 240 cm Länge:
550 cm Organza, 122 cm breit
Nähgarn in blassen Blau-, Grün- und Türkistönen sowie Grau und Weiß
10 m weißes Baumwollband
Metermaß, Bleistift (HB)

Ausschneiden

1 Stoff bügeln. Hauptteil des Vorhangs nach den Schnittmusterzeichnungen auf Seite 98/99 zuschneiden und vorsichtig die drei Linien für Schlitze und die Markierungslinie für den oberen Querbesatz mit einem langen Lineal und Bleistift anzeichnen. Nur die Schlitze einschneiden (nicht die Markierungslinie); dabei ist sehr auf glatte Schnittkanten und gleiche Schnittlänge zu achten.

2 Das Schnittmuster für die dreieckigen Einsätze maßstabsgerecht nach der Musterzeichnung vergrößern und danach drei Dreiecke zuschneiden. Dazu zwei Seitenstreifen und ein Rechteck für den Querbesatz nach den angegebenen Maßen zuschneiden.

Nähte und Spitzen arbeiten

Ehe Sie den Vorhang fertigstellen, müssen Sie überlappende Zickzacknähte und Spitzen noch üben.

1 Die Maschine auf kleinen, ziemlich offenen Zickzackstich einstellen, der eng genug für einen sauberen Kantenabschluß ist, aber nicht so eng, daß er das Gewebe dehnt oder die Nähte versteift.

2 Stoffreste hernehmen und an einer geraden Kante 2 cm überlappen lassen und mit zwei Stichreihen mit einem Abstand von 1 cm, sowie 1–2 mm Abstand zu den Schnittkanten zusammennähen. Die Kanten zuschneiden (siehe gegenüberliegende Seite).

3 Anhand des Schnittmusters für die Einsätze in einen weiteren Stoffrest den Schlitz einschneiden, in den anderen eine Spitze. Dann probieren Sie das Umnähen der Spitze wie unten beschrieben. Auch wenn die Spitzen nicht schwer herzustellen sind, sind sie doch eine tüftelige Angelegenheit; deshalb sollten Sie zunächst mit kleinen Stücken üben.

Fertigstellen

1 Das obere Ende eines der Schlitze im Hauptteil so über einen der Einsätze legen, daß er in der Mitte und ca. 2 cm unterhalb der Spitze liegt. Feststecken.

2 Eine Kante des Schlitzes 2 cm über eine Kante des Einsatzes überstehen lassen und bis ans untere Ende feststecken. Zweite Seite auf die gleiche Art feststecken (Abb. 1).

3 Mit farbigem Garn, das beim Nähen ganz nach Belieben gewechselt wird, am unteren Ende beginnen; dabei liegt das Hauptteil des Stoffes oben, und es wird in 1 – 2 mm Abstand zur Schnittkante genäht, dabei dem Schwung des Bogens zur Spitze hin folgen. Die Nadel im Stoff lassen, den Nähfuß anheben und den Stoff so drehen, daß man die zweite

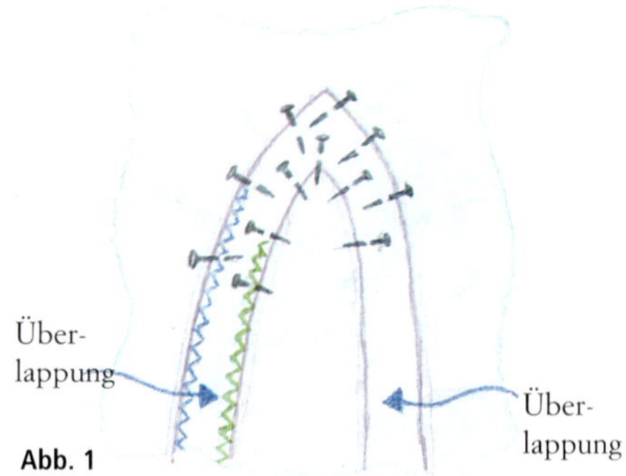

Abb. 1

zweifach zusammennähen, wobei die erste Stichreihe knapp innerhalb der Webkante sitzt und die zweite auf der Innenkante des Streifens. Alle Kanten zuschneiden, Webkanten dabei abschneiden. Die andere Seite des Hauptteils ebenso abschließen.

5 Den Querbesatz der Länge nach in der Mitte halbieren, Faltkante bügeln. Entlang einer langen Kante 2 cm auf die linke Seite umbügeln. Querbesatz auseinanderfalten und die ungebügelte Kante so auf den Vorhang legen, daß sie an der Markierungslinie anliegt. Anstecken und mit langen Steppstichen festnähen (Abb. 2).

6 Den Querbesatz so bügeln, daß er auf dem Oberteil des Vorhangs aufliegt. Dabei das freie, gebügelte Ende auf die Rückseite des Vorhangs umschlagen und entlang der Geradstichlinie feststecken (die Stecknadeln dazu von der rechten Stoffseite aus und im rechten Winkel zur Naht einstechen). Von der rechten Stoffseite aus und wieder mit Zickzackstich nahe der Naht und ein zweites Mal 1 cm darüber nähen. Wie vorher zwei Zickzackreihen nahe der Oberkante nähen.

Abb. 2

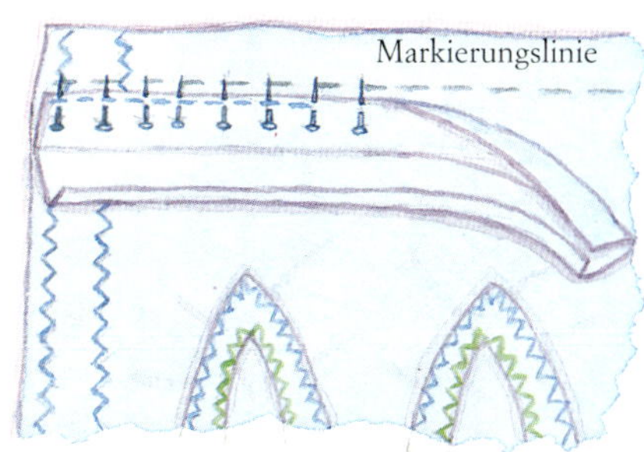

Seite bis ans untere Ende nähen kann. Auf der anderen Seite der Überlappung parallel zur ersten und in ca. 1 cm Abstand eine zweite Naht anbringen, die auch ohne Unterbrechung um die Spitze geführt wird. Mit einer kleinen, sehr scharfen Schere die zwei Schnittkanten bis dicht an die Stiche zurückschneiden. Die anderen beiden Einsätze auf die gleiche Weise annähen.

Der Organzastoff zieht zwar Falten, wenn er gewendet und durch die Maschine gezogen wird, aber er ist außerordentlich elastisch und kommt durch Bügeln sofort wieder in Form.

4 Eine Webkante des Hauptstücks so auf einen der Seitenstreifen legen, daß die Kanten bündig sind. Entlang der Webkante und der Innenkante des Streifens feststecken. Wie bei den Einsätzen zweifach zusammennähen ...

7 Bänder paarweise auf die Rückseite der Naht unterhalb der Oberkante annähen; an diesen Bändern wird der Vorhang aufgehängt.

8 Für den Saum 4 cm Stoff auf die linke Seite umschlagen und bügeln. Nahe der Schnittkante annähen und nochmals 1 cm darunter. Schnittkante zuschneiden. Vorhang bügeln und mit den Bändern an Gardinenringen oder direkt an einer Vorhangstange anbinden.

Zierbesätze, Einlagen und Futter

Viele Menschen verwechseln diese drei Begriffe. Deshalb wird hier erläutert, was man darunter versteht, und wo und wie man sie verwendet.

Ein Zierbesatz ist ein Stück Stoff, das an eine freie Kante genäht wird, um sie abzuschließen oder zu verbergen. Im Gegensatz zum Saum kann man mit einem Besatz auch eng gewellte Kanten bzw. Stoffpartien mit Ecken und Winkeln abschließen.

Wie schon der Name sagt, wird die Einlage zwischen den Oberstoff und den Besatz eingelegt. Die Dicke der Einlage kann dabei von der leichten Wattierung bis hin zur massiven Verstärkung reichen, wie sie z.B. bei Querbehängen benutzt wird.

Futterstoffe bedecken zumeist den Großteil der Innenseite von Kleidungsstücken und Vorhängen, die sie dadurch vor Abnützung und Ausbleichen schützen. Darüber hinaus sorgt das Futter für Wärme und Tragekomfort.

Zierbesätze

Im Unterschied zu Säumen können Besätze Kanten abschließen, die nicht gerade sind. Normalerweise bestehen sie aus schmalen Stoffstreifen, die genau nach der Kantenform, die sie abschließen sollen, zugeschnitten werden. Sie werden gewöhnlich aus dem gleichen Stoff ausgeschnitten, können aber dekorationshalber auch aus Stoffen mit kontrastierender Farbe oder Oberfläche hergestellt werden. So nimmt man dünneren Stoff, um Wülste zu vermeiden oder schwereren Stoff, damit die Kante besser fällt. Besätze für Aufhänger oder Raffhalter werden gewöhnlich aus baumwollenem Futterstoff gefertigt.

Einlagen

Einlagen sollen verhindern, daß sich Kanten dehnen und daß Nähte sich auf der Stoffvorderseite abzeichnen. Zudem dienen sie als Verstärkung von Partien, an denen Aufhänger etc. befestigt werden sollen. Einlagen können aus speziell zu diesem Zweck hergestellten (nicht gewebten) vliesartigen und schmelzbaren Stoffen zum Aufbügeln bestehen, die überall erhältlich sind. Diese Materialien haben den Vorteil, daß sie nicht ausfransen und gewöhnlich waschbar sind. Als Einlagen werden aber auch Kattun, Batist und Musselin verwendet.

Gewicht und Steifheit der Einlage sollten denen des Stoffes angemessen sein, ebenso dem angestrebten Verwendungszweck. Wenn Sie z.B. einen Querbehang machen, brauchen Sie wahrscheinlich eine Einlage, die steif ist wie ein Brett, während Sie für eine bestickte Kissenhülle besser Musselin nehmen.

Mit wattierten oder gepolsterten Einlagen kann man eine Art Steppdecken-Effekt erzeugen; sie dienen aber auch zur Wärmeisolierung. Überlegen Sie sich, wozu Sie die Einlage brauchen, und wählen Sie einen Stoff, der die gewünschte Wirkung im Zusammenspiel mit dem Oberstoff erzielt. Bedenken Sie beim Kauf auch, daß die meisten vliesartigen Einlagen sich nach dem Anbringen als viel steifer herausstellen als ursprünglich gedacht.

Futterstoffe

Futterstoffe sollten grundsätzlich eine glatte Oberfläche besitzen, die sich reibungslos auf einer anderen Stofffläche verschieben läßt. Im allgemeinen ist man gut beraten, wenn man sich an die speziell zum Füttern hergestellten Stoffe hält, aber dabei müssen Sie immer noch darauf achten, daß Sie einen anschmiegsamen Stoff finden. Für gefütterte Vorhänge eignen sich Baumwollsatin oder spezielles »Vorhangfutter« am besten.

Waschen

Futterstoffe und Besätze für Stücke, die gewaschen werden sollen, müssen natürlich auch selbst waschbar sein. Da sie aber vielleicht zu einem unterschiedlichen Grad einlaufen, sollten Sie vor dem Zuschneiden gewaschen werden. Auch wenn Vorhänge und abnehmbare Bezüge waschbar sind, ist es oft praktischer, sie chemisch reinigen zu lassen, da sie gewöhnlich recht groß sind.

Schnittmuster

Das Futter wird nach dem Schnittmuster, das für den äußeren Teil verwendet wird, zugeschnitten, wobei die nötigen Änderungen für Besätze und Säume mitberechnet werden müssen. Sowohl für Besätze als auch Einlagen werden separate Schnittmuster aus den entsprechenden Teilen des Hauptmusters hergestellt. Das runde Tischtuch, das als Detail auf Seite 8 zu sehen ist, hat einen Besatz aus einfarbigem Stoff.

Einfaches Schnittmuster für Besätze

1 Die Schnittmuster der Teile, die mit einem Besatz versehen werden sollen, auf Papier legen (Abb. 1). Den Umriß der Schnittkanten nachzeichnen, dabei alle Kerben deutlich markieren.

2 Schnittmuster entfernen. Entscheiden Sie, wie breit der Besatz sein soll, und zeichnen Sie die innere Kante auf das Papier. Das Schnittmusterstück für den Besatz ausschneiden (Abb. 2).

3 Den Besatz und gegebenenfalls Einlage aus dem Stoff ausschneiden.

4 Die Besatzstücke an ihren richtigen Platz legen: Bügeleinlagen sollten bereits aufgebügelt sein, aufgenähte Einlagen werden am Oberstoff festgesteckt und nur entlang der Kanten festgenäht.

5 Nähte sowohl auf dem Hauptstoff als auch den Besätzen arbeiten, lose Fäden abschneiden und Nähte bügeln.

6 Die Nähte des Hauptteils versäubern (siehe Seite 27), aber nicht an den Stellen, die vom Besatz verdeckt werden.

7 Besätze rechts auf rechts auf den Hauptstoff legen, die Kanten, Kerben, Nähte und Enden sorgfältig zur Deckung bringen und feststecken.

8 Ringsum mit der geforderten Nahtzugabe zusammensteppen und Enden jeweils mit Rückwärtsstichen oder sich überschneidenden Stichen verstärken. Besatz mit Kantenstich annähen:

9 Besatz so falten, daß er über der Nahtzugabe liegt. Naht nicht bügeln.

10 Besatz halten, damit er nicht über die Naht rutscht, und von der rechten Seite des Besatzes aus an der Nahtlinie (1–3 mm, je nach Stoffstärke) auf die darunterliegende Nahtzugabe nähen.

11 Die Nahtzugabe, wo nötig, einschneiden, damit sie glatt aufliegen kann. Nicht in die Stiche schneiden.

12 Besatz auf die linke Stoffseite umschlagen. Die Naht wandert jetzt auf die linke Seite und bleibt dort. Kante vorsichtig bügeln.

Mit dieser Methode bekommen Ihre Schneiderarbeiten ein professionelles Erscheinungsbild.

- Dieser Kantenstich läßt sich bei den meisten Besätzen anwenden, bereitet aber bei kleinen, kniffligen Stücken einige Probleme, da die Nähmaschine nicht ganz in die Ecken gelangt. Nähen Sie in diesem Fall so nahe wie möglich an die Ecke heran, übernähen Sie ein Stück der Naht rückwärts, überspringen die Ecke und nähen möglichst nahe an ihr weiter.
- An Stellen, wo der Besatz umgeschlagen wird (wie z.B. bei einem Revers) wird gewöhnlich entweder kein Kantenstich verwendet oder von hinten genäht, so daß die Naht auf die Seite wandert, die man nicht sieht.

Anstelle des Kantenstichs:

9 Nahtzugabe mit der linken Seite nach oben über den Besatz schlagen und einschneiden, damit sie flach aufliegt.

10 Den Besatz mit der rechten Seite nach oben mit scharfer Kante umbügeln, so daß er über der Nahtzugabe liegt. Er darf nicht über die Naht wandern.

11 Besatz auf linke Stoffseite umschlagen, Naht auf Innenseite wenden. Bügeln, dabei ein feuchtes Tuch zwischen Bügeleisen und Besatz legen.

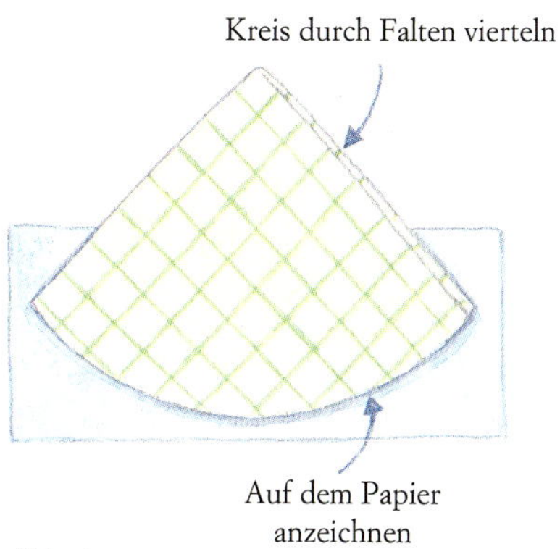

Abb. 1

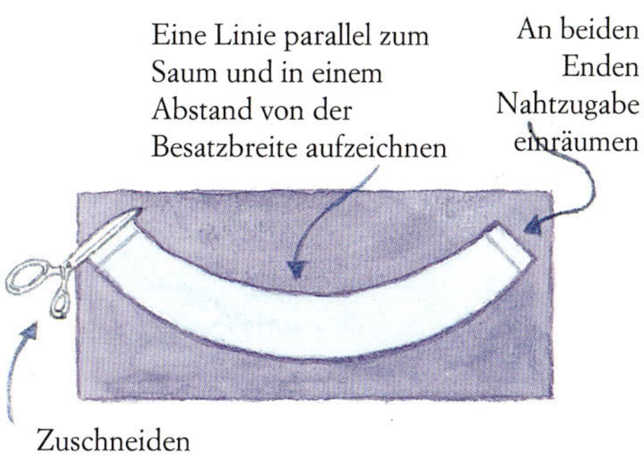

Abb. 2

Tischtuch und Servietten

Diese beiden ausgesprochen einfachen Arbeiten sind ein guter Einstieg, wenn Sie bislang noch nicht viel mit dem Nähen zu tun hatten. Beide werden mit Geradstichen genäht, eignen sich also bestens, um den Umgang mit der Nähmaschine zu üben. Da alle Kanten mit der Maschine abgeschlossen werden, ist die Arbeit flugs ausgeführt.

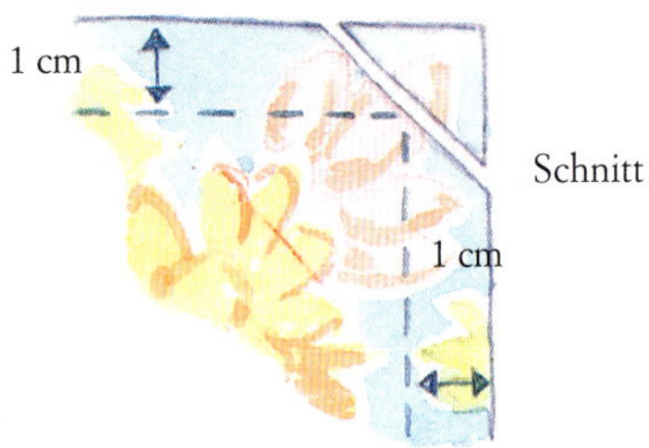

Abb. 1

Material

Tischtuch 116 x 116 cm:
120 cm Baumwollstoff oder Leinen, 120 cm breit
Vier Servietten 28 cm x 28 cm:
30 cm Baumwollstoff oder Leinen, 120 cm breit
Passendes Nähgarn

Fertigstellen

1 Stoff für das Tischtuch bügeln und ausbreiten. Mit dem Zeichendreieck nachprüfen, ob die Schnittkanten im rechten Winkel zu den Webkanten sitzen und gegebenenfalls zuschneiden. Webkanten abschneiden.

2 Den Stoff für die Servietten bügeln, Webkanten abschneiden und mit Hilfe des Zeichendreiecks in vier gleich große Quadrate zerschneiden.

3 Die Ecken an allen fünf Stoffstücken zuschneiden (Abb. 1). An jeder Kante 1 cm Stoff auf die linke Seite bügeln.

4 Alle Stücke so nahe wie möglich an der Außenkante umnähen.

5 Weitere 2 cm Stoff auf die linke Seite umbügeln, dabei die Ecken sauber einschlagen. Feststecken – mit Stecknadeln im rechten Winkel zur Naht.

6 Ringsum annähen, diesmal nahe der inneren Saumkante.

7 Tischtuch und alle vier Servietten von links mit viel Dampf bügeln.

Korbfutter

Sie nähen ein Futter, und schon wird aus einem einfachen Korb ein Picknickkorb. Nehmen Sie dazu einen hübschen Baumwollstoff wie auf unserem Bild. Praktisch wäre ein Stoff mit Kunststoffüberzug, während wattierter Baumwollstoff zur Isolierung dienen könnte.

Abb. 2

Abb. 3

Material

Stoff: Dieses Futter braucht nur wenig Stoff, bietet also Gelegenheit, Stoffreste aufzubrauchen; ansonsten berechnen Sie die Stoffmenge anhand der jeweiligen Korbmaße
Dazu passendes Nähgarn

Ausschneiden

1 Länge und Breite der Unterseite und Höhe der Seitenteile im Inneren des Korbes messen. Die Seiten als ein langes Stück oder vier Einzelteile herstellen.

2 Die Teile auf der linken Stoffseite anzeichnen, dabei rings um die Unterseite und an drei Seiten der Seitenteile Nahtzugaben einräumen. An der vierten Seite der Seitenteile (= Oberkante) eine Saumzugabe dazurechnen. Zuschneiden.

3 Vier Stücke Stoff für die Bänder zuschneiden; jedes mißt 30 cm x 4 cm.

Fertigstellen

1 Bänder: Jedes Stoffstück der Länge nach in der Mitte zusammenfalten (mit der rechten Stoffseite nach außen) und bügeln. Erneut auf die Hälfte nach innen zusammenfalten und bügeln. Ein Ende einschlagen und bügeln. Nahe der gebügelten Kanten zusammennähen.

2 Seitenteile: Seitenteile aus einem Stück: Enden rechts auf rechts aufeinander legen, feststecken, zusammennähen, versäubern. Vier Seitenteile: diese zusammennähen (Abb. 2) und versäubern.

3 Eine lange Kante versäubern, Saum auf linke Seite umschlagen und bügeln. Nicht versäubertes Ende eines Bandes an jeder Ecke unter Saum legen und feststecken (Abb. 3). Den Saum nähen, über den Bändern doppelt nähen.

4 Unterkante der Seitenteile rechts auf rechts auf die Unterseite legen, feststekken, ringsum zusammennähen. Naht unter Unterseite bügeln, ringsum übernähen.

5 Futter in den Korb legen, die Bänder durch den Korb ziehen und verknoten.

Windschutz

Der unten gezeigte kleinere Windschutz hat drei Stangen mit geschlossener Führung; damit ist er leichter zu transportieren.

Material

2 Stücke kräftiger Stoff, je 200 cm, 137 breit, in zwei verschiedenen Dessins

Starkes Nähgarn

3 Holzstangen, 3 cm Durchmesser, je 150 cm lang

Bastelmesser

Meterstab

Abb. 1

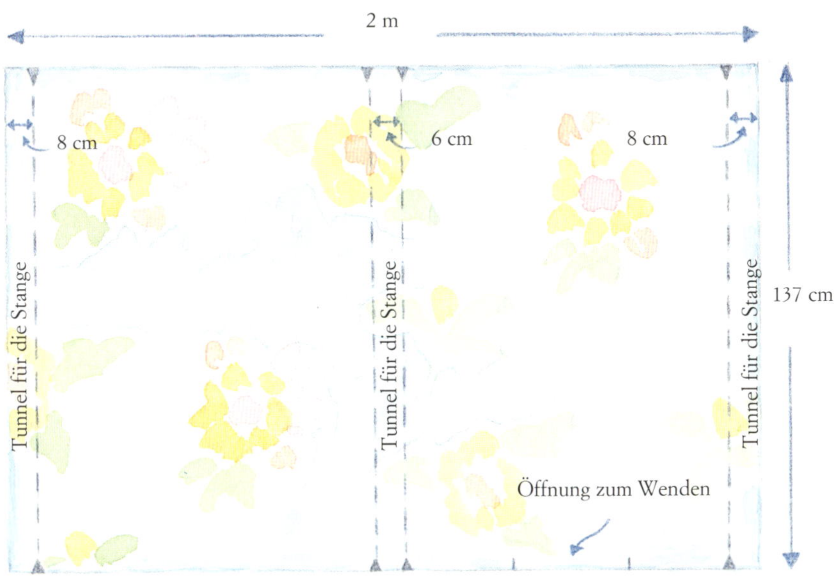

Fertigstellen

1 Zwei Stoffstücke zuschneiden, daß die Ecken rechtwinklig sind; alle Kerben einschneiden (siehe Abb. 1).

2 Jede Stange mit dem Bastelmesser an einem Ende anspitzen.

3 Die zwei Stoffstücke rechts auf rechts zusammenlegen, feststecken und beide Enden und eine lange Seite mit 2 cm Nahtzugabe zusammennähen. Die zweite lange Seite zwischen den Kerben für die Stangenführung nähen, dabei an einer Seite eine 12 cm lange Öffnung lassen. Durch die Öffnung auf rechts wenden. Bügeln.

4 Die Öffnung mit Hohlstichen zunähen und mit der Maschine nahe am Rand über die geschlossenen Enden jeder Stangenführung steppen.

5 Mit Schneiderkreide und Meterstab auf einem der Stoffstücke Linien für Stangenführungen zwischen den Kerben anzeichnen (Abb. 1). Die zwei Lagen an diesen Linien zusammenstecken und -nähen, dabei die Enden kräftig rückwärts übernähen.

6 Stangen mit den stumpfen Enden voraus in die Führungen schieben und Windschutz zusammenrollen.

Selbstverständlich läßt sich dieser Windschutz nach Belieben vergrößern. Links sehen Sie eine Variante mit vier Stangen, die den Sitzplatz an drei Seiten umschließt. Oder Sie fertigen zwei Exemplare an, die Sie nach Wunsch zusammenstellen.

Gefütterte Schabracke

Dieser drapierte Querbehang ist eine wundervolle Fensterdekoration. Nehmen Sie zwei komplementäre Vorhangstoffe für Vorder- und Rückseite, die beide sichtbar sind, wenn die Schabracke über dem Fenster hängt. Da die Schabracke der jeweiligen Fenstergröße angepaßt werden muß, finden Sie hier keine Maße, aber die können Sie mit Hilfe der Anleitung leicht selbst ausrechnen. Außerdem ist die Schabracke ganz leicht zuzuschneiden und fertigzustellen.

Material

Oberstoff und Futter (siehe Ausmessen und Zuschneiden)
2 Haken von ausreichender Größe, um die drapierte Schabracke an den Ecken zu halten
Passendes Nähgarn
Langes Stück Schnur
1 m kräftiges Band für die Aufhängung

Ausmessen

1 Anhand von Abb. 1 die Maße von A, B und C nehmen (siehe Schritt 2 und 3) und in eine Zeichnung wie in Abb. 2 übertragen.
2 Um die Strecken A und B herauszufinden, nehmen Sie ein langes Stück Schnur und halten es über das Fenster. Die Schnur in der Mitte so weit durchhängen lassen, wie es der gewünschten Tiefe der Schabracke entspricht. Messen, wie weit die Schnur in der Mitte durchhängt, diese Zahl für die gewünschten Falten verdoppeln und in der Zeichnung als B eintragen. Die Länge der von Fensterecke zu Fensterecke hängenden Schnur messen und die beiden zusätzlichen Längen, die an beiden Seiten herabhängen, dazurechnen. Das ergibt die Länge der Seite A.
3 Die Breite des Fensters ausmessen und zweimal die volle Länge dazurechnen, um die die Schabracke zu beiden Seiten fällt. Das ergibt C.
4 An sämtlichen Kanten des Schnittes in Abb. 2 eine Nahtzugabe dazurechnen.

Zuschneiden

1 Den Umriß anhand von Abb. 2 auf der linken Seite des Stoffes mit Schneiderkreide oder einem Bleistift anzeichnen und ausschneiden. Für das Futter wiederholen, aber dabei nicht vergessen, das Schnittmuster vorher umzudrehen. Bei einem großem Fenster muß man vielleicht vor dem Zuschneiden mehrere Stoffstücke zusammennähen.

Fertigstellen

1 Oberstoff und Futter rechts auf rechts zusammenstecken. Ringsum zusammennähen, dabei eine Öffnung lassen, die groß genug ist, um den Vorhang dadurch zu wenden.
2 Die Schabracke auf rechts wenden und die Kanten ringsum bügeln. Die Öffnung mit Hohlstichen verschließen.

Aufhängen

1 Haken an den Fensterecken befestigen.
2 Schabracke zu drei Falten drapieren (Abb. 3). Den Abstand zwischen den Haken messen (D) und in der Mitte der obersten Falte markieren. Das Band in zwei Aufhänger zerschneiden und die Mitte jedes Aufhängers auf die mit den Haken übereinstimmenden Markierungspunkte aufnähen.
3 Aufhänger an den Haken festbinden und Schabracke locker drapieren.

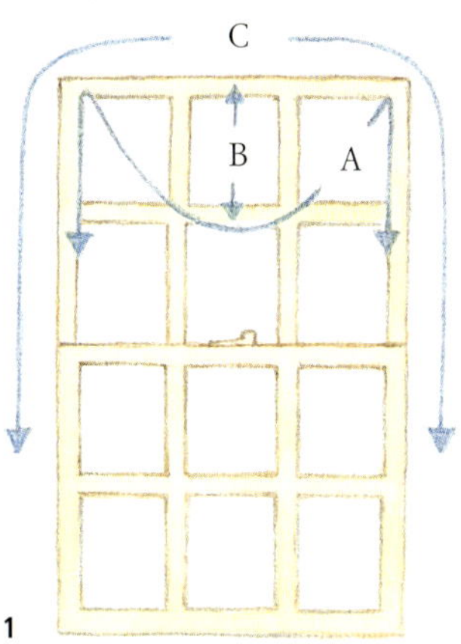

Abb. 1

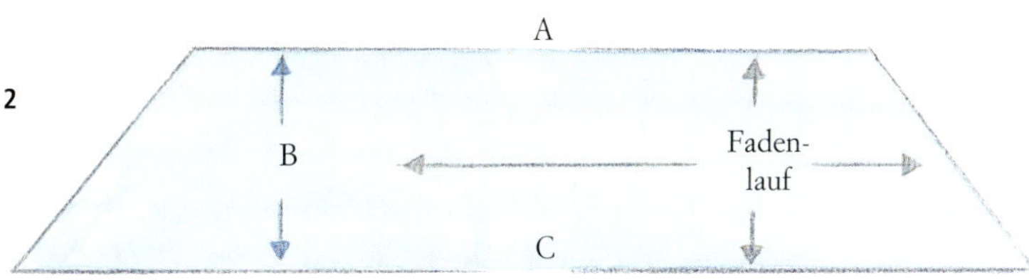

Abb. 2

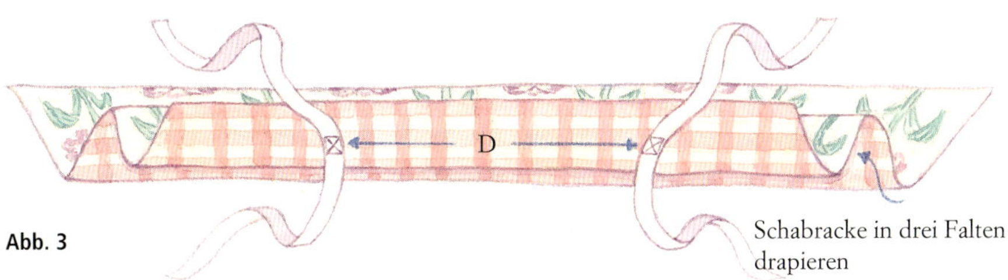

Abb. 3

Gartenpavillon

Verbinden Sie eine einfache Tischler- mit einer Näharbeit und fertigen Sie diesen unvergleichlichen Pavillon an, damit Ihr sommerlicher Garten einen Hauch von Luxus atmet. Wenn nötig, können Sie sich ja mit einem Freund zusammentun, der das erforderliche Know-How als Tischler mitbringt, und Sie konzentrieren sich ganz aufs Nähen. Der Pavillon läßt sich leicht aufstellen und wieder abbauen. Verwenden Sie entweder für jede Seite eine andere Farbe, wie dies auf unserem Foto der Fall ist, oder stellen Sie ihn ganz aus einem Stoff her.

Pavillonbezug

Material

13,5 m kräftiger Bezugsstoff oder Leinwand, 150 breit
4 m Band für die Aufhänger
Kräftiges Nähgarn
4 große Ösen

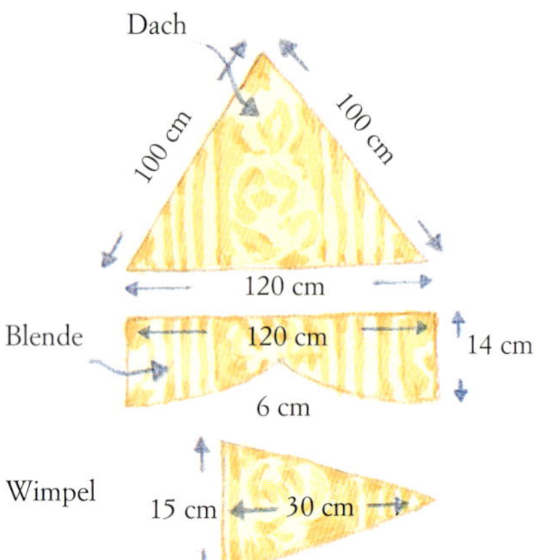

Abb. 1

Abb. 2

Zuschneiden

Schneiden Sie anhand des Schnittmusters auf Seite 100 und nach den Maßen in Abb. 1 und 2 folgende Stücke zu: 4 dreieckige Stücke für das Dach; 4 Teile für die Blende; 3 Seitenteile; 1 Tür; zwei Stücke für die Vorderseite; 1 Wimpel

Fertigstellen

1 Alle Kanten sämtlicher Stoffteile mit Zickzackstichen umnähen.
2 Die vier Teile für die Blende herstellen: bei jedem Teil die Nahtzugabe an den kurzen Enden und an der geschweiften Kante auf die linke Stoffseite bügeln. In 1 cm Abstand zur gebügelten Kante mit sichtbarer Naht nähen.
3 Ein Dachstück rechts auf rechts auf das andere legen, so daß die kurzen Kanten übereinstimmen. Zusammenstecken und 2 cm über der unteren Kante beginnend bis auf 4 cm unterhalb der Spitze zusammennähen. Bei den restlichen Stücken wiederholen.
4 Die lange Kante eines Blendenteils rechts auf rechts auf die untere Kante eines Dachstücks legen, so daß Kanten und Enden übereinstimmen. Zusammenstecken und -nähen. Die Nahtzugabe so bügeln, daß sie unter dem Dach liegt. Bei den restlichen Teilen wiederholen.
5 Den Abstand zwischen den überstehenden Stiften am Quergestänge des Daches messen (siehe gegenüberliegende Seite) und an allen vier Ecken des Daches je eine Öse für die Gewindestifte in die Nähte einsetzen.
6 Eines der Vorderseitenteile rechts auf rechts auf ein Seitenteil legen, so daß lange Kanten und Kerben übereinstimmen. Feststecken, zusammennähen. Naht auf eine Seite bügeln und sichtbare Naht arbeiten (Nähte können auch mit französischer Naht gearbeitet werden, siehe Seite 26, was im Zeltinneren sauberer aussieht). Zwei andere Stücke auf gleiche Weise, dann Vorderseitenteil annähen.
7 Den Saum auf die linke Stoffseite bügeln, feststecken und dicht an der versäuberten Kante annähen. Gerade Kanten der beiden Vorderseitenteile auf die gleiche Weise abschließen. Alle Seiten und die Unterkante der Türe säumen.
8 Oberkanten der Seitenteile über Oberkante der Tür schlagen und in der Mitte eine 38 cm breite Öffnung lassen. Zusammenstecken und nahe an der Spitze zusammennähen.
9 Die Naht, die Blendenteile und Dach verbindet, über die Oberkanten der Seitenteile und der Tür schlagen, so daß Nähte und Ecken übereinstimmen. Feststecken. Ringsum zweifache sichtbare Naht arbeiten, einmal an der ursprünglichen Naht und einmal 2 cm darüber.
10 Bänder paarweise in die langen Nähte einnähen; sie werden um die senkrechten Stangen gebunden.
11 Stoff an den beiden langen Kanten des Wimpels umschlagen. Das kurze Ende versäubern und genügend Stoff auf die linke Seite umschlagen, so daß später die »Fahnenstange« hineinpaßt. Feststecken und zusammennähen.
12 Den Bezug anhand von Schritt 11 und 12 auf das Gestänge setzen.

Zu beachten: Die Seiten des Pavillons sind 190 cm lang

Das Gestänge

Werkzeug
Bügelsäge, Bohrer, Schraubenzieher, Hammer, Schraubstock, Maßband, Zeichendreick und Winkelmesser

Material
4 Holzstangen mit 3 cm Durchmesser, je 183 cm lang (senkrechte Stangen)
4 Holzstangen, 2,5 cm Durchmesser, je 112 cm lang (Quergestänge Dach)
4 Holzstangen mit 2,5 cm Durchmesser, 94 cm lang (Giebelgestänge)
8 Gewindestifte aus Stahl mit 8 mm Durchmesser für senkrechte Stangen, je 8 cm lang, einer mit 23 cm.
6 Flügelmuttern und Beilagscheiben, 1 Schraubenmutter, passend zu Gewindestiften
16 kleine rechteckige Stahlwinkel (jede Seite etw 4–5 cm lang), mit zwei Löchern je Seite
Schrauben 20 mm lang, 6 mm stark
10 m starke Schnur (als Halteschnur)
4 Zeltpflöcke

Fertigstellen
1 In die Enden der senkrechten Stangen 2 cm tiefe Löcher bohren, in jedes Loch ein kurzes Ende der Gewindestifte eindrehen, bis 6 cm überstehen.
2 8 Stahlwinkel mit Schraubstock und Hammer vollkommen begradigen.
3 In beide Enden der Querstangen Aussparungen sägen, halbe Tiefe der flachgeklopften Winkel (siehe Seite 101).
4 Ein Ende des Winkels in die Aussparung schieben, dann so nach der Seite hin verschieben, daß man die Löcher sehen kann. Deren Position auf der Stange anzeichnen (siehe Seite 101).
5 Stange hinlegen, wobei die Aussparungen waagerecht liegen. In der Mitte die angezeichneten Löcher bohren bis zum halben Durchmesser der Stange.
6 Winkel in die Stange schieben und mit Schrauben befestigen. An allen Enden der Querstangen wiederholen.
7 Die anderen Winkel im Schraubstock auf 145 Grad aufbiegen (siehe Schablone Seite 100). Diese Winkel wie oben in beide Enden der Giebelstangen einsetzen. Darauf achten, daß die Winkel an beiden Enden einer Stange in die jeweils entgegengesetzte Richtung weisen.
8 Stangen in den Boden stecken, Querstangen daran befestigen, indem Sie deren äußere Löcher auf die Gewindestifte setzen (siehe Zeichnung Seite 101).
9 Die vier Giebelstangen an einem Ende verbinden, indem Sie den 23 cm – Gewindestift durch die äußeren Löcher der Winkel führen. Oben und unten mit Flügelmutter und Beilagscheibe befestigen.
10 Ein äußeres Loch an den Winkeln am anderen Ende der Giebelstangen jeweils auf einen Gewindestift an den senkrechten Stangen setzen und mit Flügelmutter und Beilagscheibe befestigen.
11 Flügelmuttern vom Gestänge abnehmen, den Bezug darüberlegen und Flügelmuttern wieder anschrauben. Den langen Gewindestift durch das Giebelloch führen, den Wimpel darüberziehen, Schraubenmutter befestigen. Die senkrechten Stangen bei Bedarf anwinkeln.
12 Die Schnur vierteln und jeweils ein Ende verknoten. Vom Inneren des Pavillons aus die nicht verknoteten Enden der Schnur durch die Ösen ins Freie führen. Die Zeltpflöcke einschlagen und die Schnüre daran festbinden.

Konstruktionszeichnung siehe Seite 101.

Verschlüsse

Verschlüsse sind ein unverzichtbarer Bestandteil des Nähens. Vom allerschlichtesten Nachthemd einmal abgesehen, werden fast überall Verschlüsse irgendwelcher Art verwendet, sei es ein einfacher Knopf, eine Schleife oder ein Reißverschluß. Beim Hobbyschneidern gibt es allerdings auch eine ganze Reihe von schönen Arbeiten, die keinerlei Verschluß benötigen: Kissenhüllen, Tischtücher, Vorhänge – sogar Stuhlbezüge, die man einfach anmißt und zusammennäht. Aber mit einer gewissen Auswahl an Verschlüssen können Sie die Arbeiten Ihren individuellen Bedürfnissen besser und dekorativer anpassen. Verwenden Sie Bänder an Vorhängen, Sitzpolstern oder Taschen, nehmen Sie Knöpfe, um Kissen oder Kissenbezüge zu verzieren oder um Nackenrollen abzuschließen, und setzen Sie Reißverschlüsse als praktische Verschlußmethode auf Kissen und abnehmbaren Bezügen ein.

Auf den folgenden Seiten erfahren Sie, wie man Schnürverschlüsse, Schlaufen sowie Knöpfe und Knopflöcher herstellt und verwendet. Darüber hinaus lernen Sie, wie man Reißverschlüsse einfach, sauber und schnell einsetzt, und wie man all diese Dinge zur Verschönerung von ansonsten schlichten Arbeiten verwenden kann.

Reißverschlüsse und Ösen

Reißverschlüsse sind da hilfreich, wo keine andere Verschlußart zufriedenstellend eingesetzt werden kann: An der Seite eines enganliegenden Kleides zum Beispiel ergibt ein Reißverschluß im Gegensatz zu Knopf oder Schnürung eine vollkommen gleichmäßige Linie. Reißverschlüsse sind billig und schnell einzusetzen, werden aber gewöhnlich versteckt, da sie nicht allzu attraktiv aussehen, obwohl sie inzwischen an Sport- und Freizeitkleidung als modisches Accessoire akzeptiert werden. Ösen werden nicht allzu häufig verwendet, bilden aber bei manchen Dingen die funktionalste Verschlußart und können zudem eine ansonsten eher fade Fläche mit dekorativer Verschnürung beleben.

Reißverschluß wählen

Am wichtigsten ist dabei, daß man keinen Reißverschluß wählt, der für den Stoff zu schwer ist. Man kann sich über die Vorzüge von Metall- gegenüber Plastikzähnen streiten, aber das ist letztlich Geschmacksache.

Reißverschluß einsetzen

Die folgende Anleitung beschreibt die gebräuchlichste Vorgehensweise beim Einsetzen eines Reißverschlusses. Sie eignet sich für die meisten Kissen, abnehmbaren Bezüge und Kleidungsstücke und läßt sich problemlos abwandeln, wenn man den Reißverschluß lieber in die Mitte als zur Seite hin einsetzen möchte.

1 Den Reißverschluß auf die Naht legen, an der er eingesetzt werden soll, so daß das obere Ende des Reißverschlußbandes mit der oberen Kante der Naht übereinstimmt. Unter dem Stopper am unteren Ende der Zähne eine Nadel einstecken.

2 Naht auf die übliche Weise ausführen, aber nur bis zur Stecknadel nähen, die das Ende des Reißverschlusses markiert, und kräftig übernähen. Auf der ganzen Nahtlänge die Kanten der Nahtzugaben versäubern. Das offene Stück um genau die gleiche Breite umschlagen und beide Nahtzugaben bügeln (Abb. 1).

3 Arbeit bei geschlossenem Reißverschluß mit der rechten Seite nach oben auf den Tisch legen. Die linke Seite der Naht (von Ihnen aus gesehen) mit der rechten Seite nach oben über den Reißverschluß legen. Das obere Ende der Naht und das obere Ende des Reißverschlußbandes auf eine Linie bringen, dabei die umgefaltete Kante über die Zähne schlagen und etwas auf das Band rechts. Eine Nadel parallel zur Zahnreihe einstecken, die die Naht am Reißverschlußband befestigt. Unterhalb der ersten Nadel mit nach unten zeigenden Nadelköpfen weiterhin feststecken, so daß die Kante der Naht die Zähne stets um genau die gleiche Stoffbreite überschneidet (Abb. 2).

Die Nadeln markieren die Nahtlinie, d.h. sie dürfen nicht näher an den Zähnen liegen, als dies der entsprechende Reißverschlußfuß kann; hier müssen Sie vielleicht ein wenig herumprobieren, um den richtigen Abstand herauszufinden. (Der Nähfuß läßt es nicht zu, daß die Stiche nahe an den Zähnen liegen, wenn er das Reißverschlußmaul passiert; hier schafft man Abhilfe, indem man den Reißverschluß ein wenig öffnet, näht, über dem Kopf anhält, den Nähfuß anhebt, den Reißverschluß hochzieht, das Füßchen senkt und weiternäht. Auf der anderen Seite entsprechend wiederholen).

4 Sobald Sie das Ende der ersten Reihe erreichen, stechen Sie eine Nadel waagerecht direkt unter dem Ende des Stoppers ein. Das dient zur Orientierung, damit Sie wissen, wo Sie über die Naht nähen können, ohne das Ende des Reißverschlusses zu erwischen und die Nadel dabei zu ruinieren.

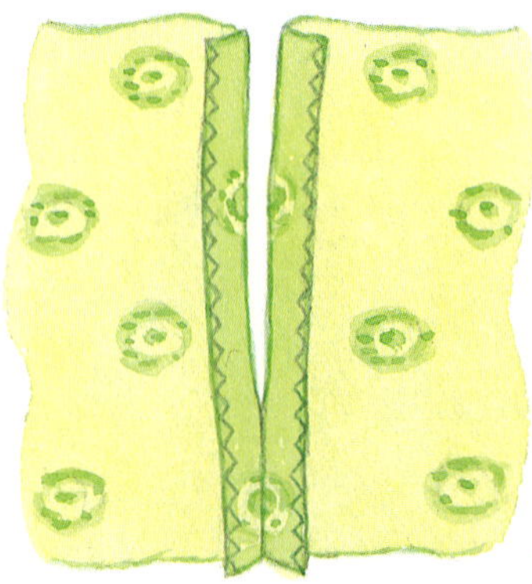

Abb. 1

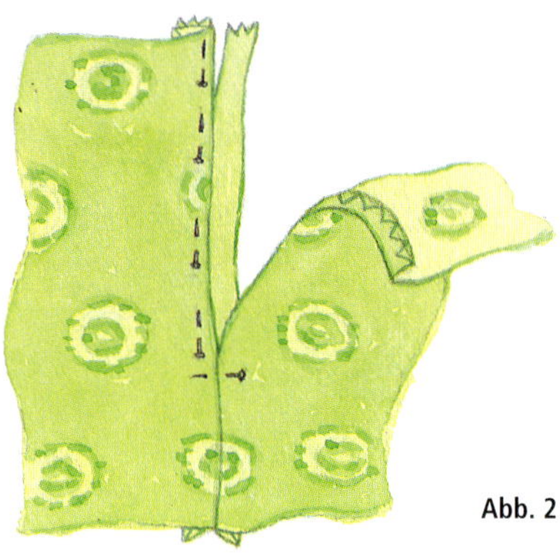

Abb. 2

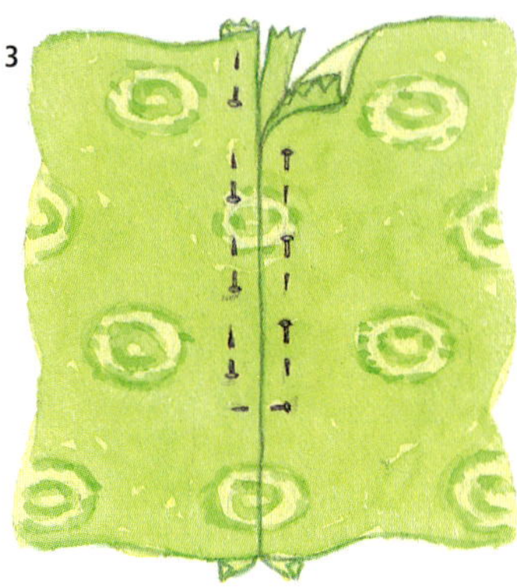

Abb. 3

5 Die Arbeit herumdrehen, so daß das obere Ende des Reißverschlusses in Ihre Richtung zeigt. Sie arbeiten jetzt an der zweiten Seite der Naht und beginnen am unteren Ende. Lassen Sie die freie Kante an die Faltkante der ersten Seite stoßen und stecken Sie eine Nadel ein, die wieder parallel zu den Zähnen, diesmal jedoch sehr knapp am Rand der Naht sitzen soll. Bis ans obere Ende feststecken. Die Nadeln auf dieser Seite sollten in die entgegengesetzte Richtung zeigen (Abb. 3).

6 Die Nähmaschine auf mittelgroßen Stich einstellen, den Reißverschlußfuß einsetzen und so einstellen, daß er nach rechts hin offen ist. Mit der ersten Seite beginnen und den Stoff so in die Maschine legen, daß die Nadel genau auf einer Linie mit den Stecknadeln ist und ca. 5 mm unterhalb des oberen Endes. Den Fuß absenken und drei oder vier Rückwärtsstiche nach oben nähen. Dann nach vorne von Stecknadel zu Stecknadel nähen, die als Orientierungshilfe dienen. Bis unten nähen und Nadel im Stoff belassen.

7 Nähfuß anheben und Stoff herumdrehen, so daß der Fuß über das mit der Stecknadel markierte Ende zeigt. Diese Nadel entfernen. Fuß senken, über das Ende nähen, Nadel im Stoff lassen.

8 Nähfuß erneut anheben und den Stoff so herumdrehen, daß der Fuß die zweite Seite und die Stecknadelreihe entlang zeigt. Den Fuß senken und ganz nahe an der Kante bis zum oberen Ende nähen. Mit Rückwärtsstichen abschließen.

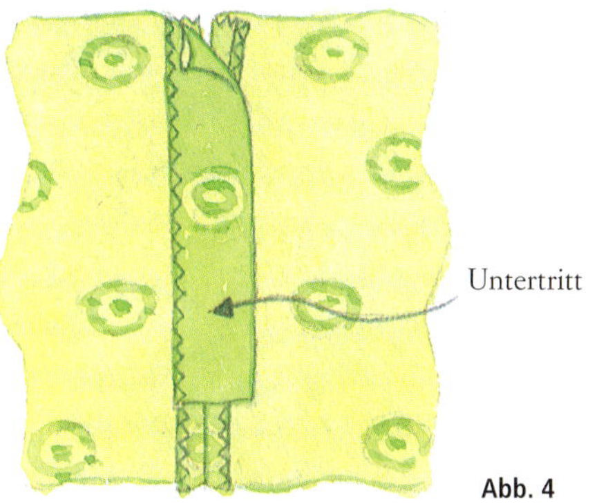

Abb. 4

Einen Untertritt anbringen

1 Ein Stück Stoff von der gleichen Länge wie die Reißverschlußbänder und ca. 10 cm Breite ausschneiden. Der Länge nach in der Mitte zusammenfalten und über ein Ende nähen. Auf rechts wenden und wie vorhin falten. Die Faltkante und das übernähte Ende bügeln. Die Kanten zusammenstecken und -nähen.

2 Untertritt auf der Seite, wo der Reißverschluß dicht an der Kante angenäht wurde, auf links über die Nahtzugabe legen, wobei die Schnittkanten zusammenliegen und das versäuberte Ende unten liegt. Die Finger unter die Nahtzugabe legen, Untertritt an der Nahtzugabe feststecken, die Kante umschlagen, Untertritt nahe der Kante mit Zickzackstich annähen (Abb. 4). Von links bügeln.

Reißverschluß in paspelierter Naht

1 Zunächst die Paspel auf die Seite der Naht setzen, die den Reißverschluß überlappen wird.

2 Einen schmalen Besatz anfertigen (siehe Seite 34/35) und über die Paspel setzen, ehe Sie die Naht arbeiten. Nach den oben geschilderten Arbeitsschritten vorgehen.

Ösen und Schnürung

Eine einfache Verschlußart: Ösen, durch die eine Schnur geführt wird. Das sieht am besten aus, wenn der Stoff einen gleichmäßigen Zug ausübt, so daß er nicht aufklafft, wo die Spannung am geringsten ist. Die Ösen können auf verschiedene Weise angebracht werden, am gebräuchlichsten ist wohl eine Ösen- oder Nietenzange. Schauen Sie sich einfach verschiedene Ösensets beim Händler an.

Ösen werden in ganz verschiedenen Größen hergestellt, die von winzigen Ringlein für Schuhbänder bis zu den großen Zeltösen reichen (siehe Gartenpavillon, Seite 42). Kleinere Ösen sind normalerweise im Kurzwarengeschäft erhältlich, während die größeren schon schwieriger zu bekommen sind; Künstlerbedarf- und Outdoorläden führen sie zuweilen. Bei dem auf Seite 5 gezeigten Kissen, von dem Sie hier eine Detailaufnahme sehen, werden Ösen als dekorativer Verschluß verwendet.

- Setzen Sie die Ösen möglichst nicht zu nahe am Rand ein, vor allem, wenn die Schnürung ein bestimmtes Gewicht aushalten muß, wie dies zum Beispiel bei einer Hängematte der Fall ist.
- Setzen Sie die Ösen immer in doppelt genommenen Stoff ein und verstärken Sie die beiden Stofflagen, wenn nötig, noch mit einer Einlage. Bedenken Sie dabei aber, daß es keinen Sinn hat, die Kante des Stoffes zu verstärken, wenn der Rest des Stoffes zu schwach ist, um das erforderliche Gewicht zu tragen.
- Für die Schnürung kann man alle Arten von Schnur hernehmen; das richtet sich ganz nach dem Verwendungszweck. Wo sie nur rein dekorativen Zwecken dient, macht sich eine glänzende Kordel sehr gut. Arbeiten, die ein bestimmtes Gewicht zu tragen haben, brauchen eine kräftige Schnur, die sich nicht dehnt.

Knopflöcher

Heutzutage kann man Knopflöcher mit den meisten Nähmaschinen halbautomatisch nähen. Folgen Sie der Betriebsanleitung zu Ihrer Nähmaschine und benutzen Sie, sofern vorhanden, den speziellen Nähfuß für Knopflöcher. Dabei haben handgenähte Knopflöcher ihren ganz eigenen Charme, weshalb es sich durchaus lohnt, sich die entsprechende Technik anzueignen.

Handgenähte Knopflöcher

Von Hand sind Knopflöcher überraschend schnell und einfach zu nähen, und ihr entscheidender Vorteil gegenüber mit der Maschine genähten liegt darin, daß sich Garnstärke und Stichgröße jedem Stoff anpassen lassen. Üben Sie zunächst auf einem Stoffrest.

Knopfloch mit der Hand nähen

Für handgenähte Knopflöcher sollte der Stoff doppelt genommen werden.

1 Den Knopf auf ein Maßband legen, um die passende Länge für das Knopfloch herauszufinden. Wenn der Knopf ungewöhnlich dick ist, planen Sie das Knopfloch etwas länger. Das kann man letztlich nur mit einiger Erfahrung abschätzen, probieren Sie also verschiedene Längen aus, um die richtige zu finden.

2 Diese Länge mit Schneiderkreide oder Bleistift auf dem Stoff anzeichnen; das äußere Ende des Knopflochs sollte auf der Mittellinie des Übertritts liegen. Diese Linie durch beide Stofflagen hindurch mit einer kleinen Schere einschneiden. Den Schnitt möglichst zwischen zwei Gewebefäden verlaufen lassen (Abb. 1).

3 Ringsum überwendlich nähen (siehe Seite 27), um die zwei Lagen zu verbinden (Abb. 2).

4 Die Knopflochstiche arbeiten: Bis auf das erste Mal wird bei jedem Stich auf der rechten Stoffseite eingestochen und auf der linken ausgestochen. Einen langen Faden einfädeln und am Ende verknoten. Ein wenig unterhalb der inneren Kante des Knopflochs auf der rechten Stoffseite ausstechen. Faden mit dem Daumen festhalten und eine Schlinge bilden, dann die Nadel unmittelbar rechts neben dem letzten Stich wieder einstechen und wie vorher ausstechen. Dabei die Nadel über den Arbeitsfaden führen und an der Kante eine weitere Schlinge bilden (Abb. 4). Bis zum Ende der ersten Seite wiederholen. Dabei auf gleichmäßige Länge der Stiche achten.

6 Die Stiche am äußeren Ende auffächern und die zweite Seite auf die gleiche Weise nähen wie die erste (Abb. 5).

7 Das innere Ende des Knopfloches abschließen, indem Sie eine Reihe Knopflochstiche im rechten Winkel zu den anderen ausführen (siehe Abb. 5 und Foto oben).

Abb. 1

Abb. 2

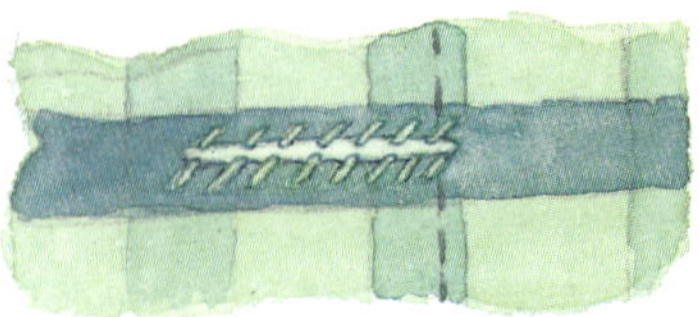

Abb. 3

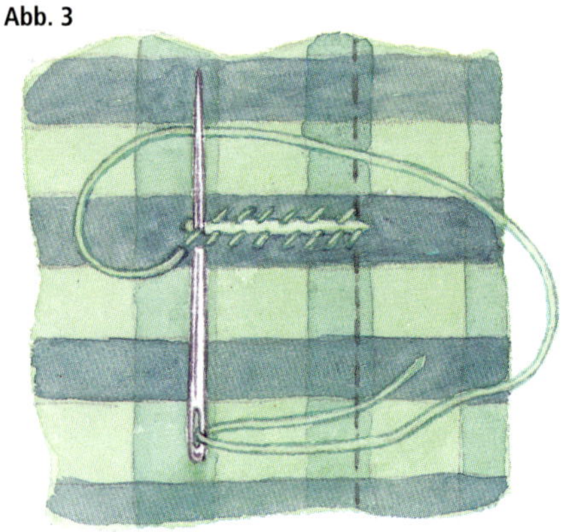

Abb. 4

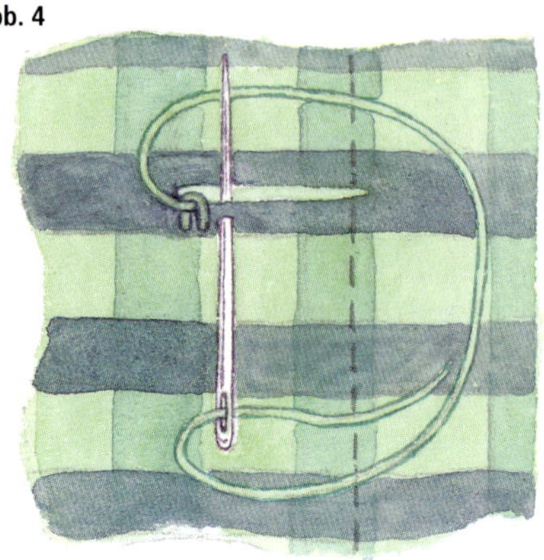

Abb. 5

Paspelierte Knopflöcher

Paspelierte Knopflöcher sehen ausgesprochen adrett aus, verlangen jedoch einige Übung. Sie lassen sich leichter mit dicht gewebten – aber nicht steifen – Stoffen arbeiten, die nicht leicht ausfransen. Wenn der Grundstoff diese Kriterien nicht erfüllt, ist noch nicht alles verloren. Verwenden Sie für die Einfassung einen Stoff, vielleicht in einer kontrastierenden Farbe, der die geforderten Eigenschaften besitzt.

Eingefaßtes Knopfloch machen

1 Die benötigte Länge des Knopflochs bestimmen und auf der rechten Stoffseite wie beim handgenähten Knopfloch anzeichnen, aber nicht einschneiden (Abb. 6).

2 Einen ca. 6–7 cm breiten Schrägstreifen zuschneiden, der 4 cm länger als das Knopfloch ist. Das genaue Maß hängt von der Größe des Knopfloches und der Dicke des Stoffes ab.

3 Die Länge des Knopfloches in der Mitte des Schrägstreifens und auf dessen linker Seite anzeichnen. Um das Knopfloch ein ca. 1 cm größeres Rechteck anzeichnen. Dieses Stück rechts auf rechts exakt auf die ursprüngliche Markierung legen und feststecken (Abb. 7).

4 Das Rechteck mit der Maschine ringsum nähen, dabei einen kleineren Stich als üblich benutzen. Die ursprünglichen Stiche an Enden und Ecken mit Verriegelungsstichen übernähen.

5 Entlang der Mitte und direkt in die Ecken einschneiden (Abb. 8).

6 Den Schrägstreifen von der linken Stoffseite aus durch den Schnitt ziehen und beide Kanten auf eine Seite umschlagen, dabei die obere zurückziehen, um zu verhindern, daß der Streifen über die Naht auf die rechte Seite rutscht, dann die Nahtzugabe über den Streifen bügeln (Abb. 9). Auf der anderen Seite wiederholen. Dann den Schrägstreifen um die Schnittkante auf jeder Seite schlagen und kräftig bügeln, wobei sich an den Enden kleine Falten bilden. Mit einem Stich an jedem Ende befestigen (Abb. 10).

7 Von der rechten Stoffseite aus jede Seite feststecken und heften, so daß sich die eingefaßten Kanten treffen. Dabei die Dreiecke (unter den Falten auf der linken Stoffseite) zurückziehen, so daß die Nähte an den Enden verschwinden.

Dann gibt es zwei Möglichkeiten:

8 Von rechts mit der Maschine und nahe an der ursprünglichen Naht zusammennähen; verwenden Sie bei dickeren Stoffen einen Reißverschlußfuß (Abb. 11). Oder nähen Sie von der linken Seite aus mit der Hand, so daß alle Stofflagen sicher befestigt sind. Überschüssigen Stoff wegschneiden.

Abb. 6

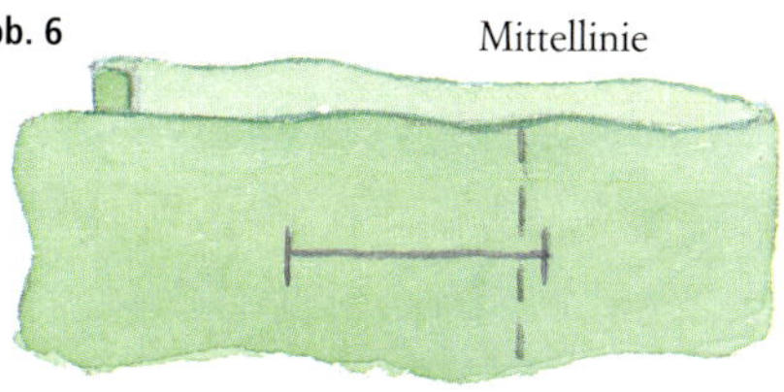

Abb. 7

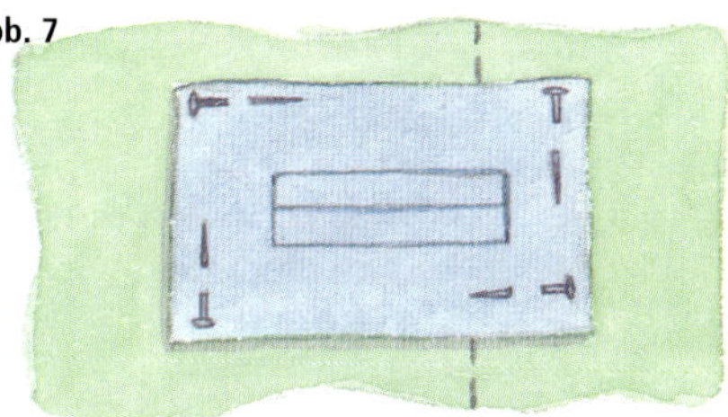

Abb. 8

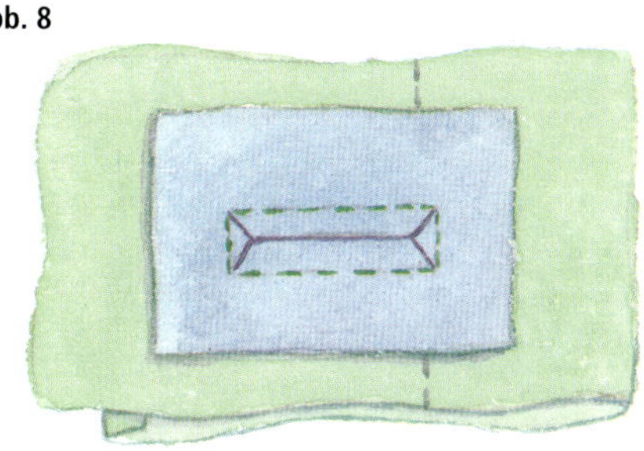

Abb. 9

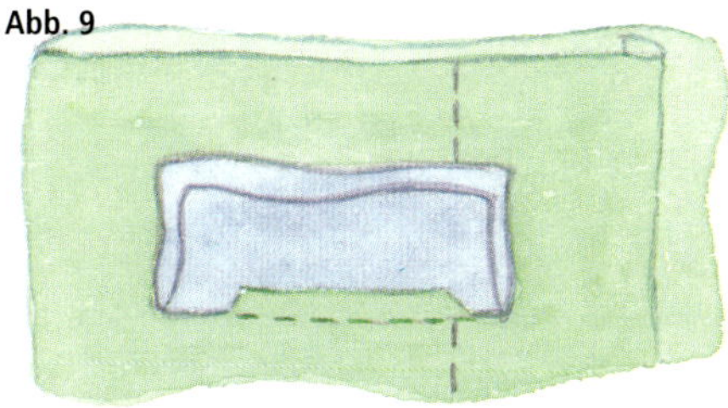

Abb. 10

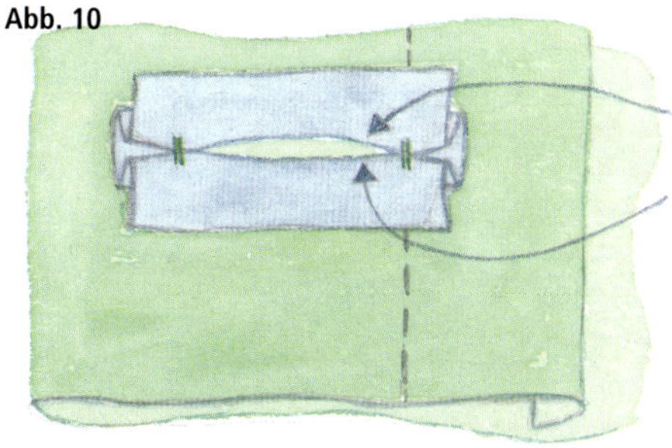

Abb. 11

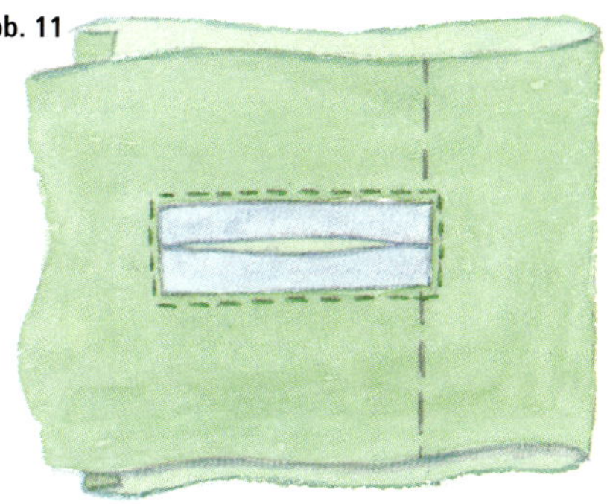

Knöpfe

Knöpfe werden aus einer gewaltigen Vielzahl von Materialien hergestellt, darunter Holz, Metall, Glas, Leder, Perlmutt und natürlich Kunststoff. Viele von ihnen sind so dekorativ, daß manche Arbeiten keiner weiteren Verzierung mehr bedürfen. Eine perfekte Kombination ergibt sich, wenn man Knöpfe mit Überzug oder Chinaknoten aus dem gleichen Stoff herstellt wie den Rest der Arbeit. Dorset- oder Fransenknöpfe können so gut wie jede Farbe oder Oberfläche haben, da sie aus Stickgarn gefertigt sind.

Knöpfe mit Überzug

Gute Bastelsets zum Überziehen von Knöpfen sind überall erhältlich, was die Arbeit natürlich sehr erleichtert. Dazu kann man so gut wie jeden Stoff verwenden. Wenn der Stoff durchsichtig oder sehr dünn ist, arbeiten Sie am besten mit zwei Stofflagen oder einem dickeren Unterstoff. Manchmal läßt sich der Stoff nur schlecht von den kleinen Haken erfassen, aber das läßt sich beheben, wenn man den Stoff anfeuchtet. Befestigen Sie zwei gegenüberliegende Seiten und dann die im rechten Winkel dazu liegenden, dazwischen gleichmäßig einhaken.

Knopf mit Überzug herstellen

1 Einen der Knopfgröße entsprechenden Stoffkreis ausschneiden (siehe Anleitung zum Bastelsatz).

2 Den Knopf auf die Mitte ausgerichtet auf die linke Stoffseite des Kreises legen (Abb. 1).

3 Den Stoff straff über den Knopf spannen und ringsum gleichmäßig von den Haken erfassen lassen (Abb. 2).

4 Die Rückseite einsetzen und durch Fingerdruck wie einen Druckknopf einschnappen lassen (Abb. 3).

Abb. 2

Abb. 1

Abb. 3

Fransenknöpfe

Diese Verzierung ist leicht herzustellen und läßt sich auf einfachen Knöpfen anbringen. Schmücken Sie damit Arbeiten, die kleine dekorative Glanzlichter brauchen.

Fransenknopf herstellen

1 Nähgarn doppelt nehmen, einfädeln und am Ende verknoten. Mehrere Längen (je ca. 30 cm) verschiedener Stickgarne zusammennehmen und sechs oder sieben Mal um einen Bleistift wickeln. Die Schlingen eng zusammenschieben und, indem Sie die Enden gut festhalten, das Nähgarn zwei- oder dreimal unter den Schlingen hindurch- und um sie herumführen (Abb. 4).

2 Die Fäden vom Bleistift streifen, eng zusammenziehen und unten zusammenknoten (Abb. 5).

3 Den Knopf mit dem restlichen Faden auf die gewohnte Weise annähen. Die Schlingen durchschneiden, aufbauschen und die Enden gleichmäßig zuschneiden.

Abb. 4

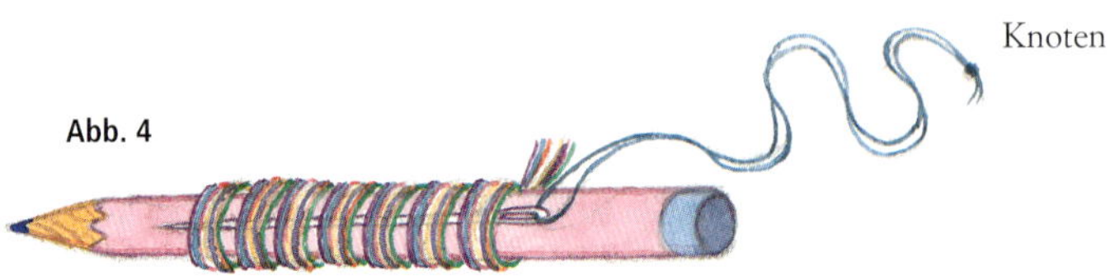

Abb. 5

Zwirnknöpfe

Hier gibt es ebensoviele Spielarten, wie es Leute gibt, die solche Knöpfe herstellen. Wenn man einmal die Grundtechnik beherrscht, kann man ohne weiteres eigene Stiche und Muster entwerfen. Eine der einfachsten Varianten ist das »Speichenrad« – ein wunderbares Einsteigermodell!

Zwirnknopf herstellen

Material

- Ein Ring, der der Größe des fertigen Knopfes entspricht. Dieser kann aus Messing, Stahl oder Kunststoff sein, aber je dünner er ist, desto zierlicher wird das Ergebnis ausfallen. Ideal sind Gardinenringe: Es gibt sie in den passenden Größen, sie sind gewöhnlich waschbar und rostfrei. Beginnen Sie mit einem Ring von 2,5 cm Durchmesser.
- Garn: Diese Knöpfe lassen sich keineswegs nur aus Zwirn herstellen. Die meisten Garnarten sind geeignet, aber am leichtesten zu verarbeiten ist ein glattes Stickgarn wie zum Beispiel Perlgarn.
- Eine Sticknadel in der zum Garn passenden Größe.

Fertigstellen

1 2,5 m Faden (für einen Ring von 2,5 cm) in die Gobelinnadel einfädeln und um den Ring verknoten (Abb. 6).
2 Vier oder fünf Knopflochstiche um den Ring und über das kurze Ende des Fadens ausführen (Abb. 7). Dieses Ende nach dem letzten Stich abschneiden.
3 Mit engen Knopflochstichen rund um den Ring fortfahren.
4 Die Stiche verbinden, indem Sie die Nadel durch den Knoten am ersten Stich führen und den Faden anziehen (Abb. 8).
5 Stiche umdrehen, daß Knoten im Inneren des Ringes liegen (Abb. 9).
6 Den Faden straff über den Ring wickeln, um zwölf Speichen herzustellen, die gleichmäßige Abstände haben wie die Stundenmarkierungen auf einer Uhr (Abb. 9 und 10).
Bitte beachten: Jede Speiche besteht aus zwei Garnfäden, einem auf der Rück- und einem auf der Vorderseite; in Abb. 10 sieht man nur die letzteren.
7 Die Nadel in der Mitte von hinten nach vorne ausstechen, auf die gegenüberliegende Seite der gekreuzten Speichen führen (immer noch in der Mitte) und nach hinten ausstechen. Noch einige Stiche ausführen, Faden straffziehen und die Speichen auf diese Weise in der Mitte miteinander verbinden, wobei ein kleiner Knauf gebildet wird (Abb. 11).
8 In der Mitte zwischen zwei Speichen von hinten nach vorne ausstechen. Einen Rückstich über eine Speiche und unter zwei Speichen arbeiten. Rückstiche auf diese Weise wiederholen, dabei den Faden gut anziehen und auf gleichmäßige Spannung achten (Abb. 11). Ringsum forfahren, bis Sie den Rand des Ringes erreichen.
9 Faden durch die Rückseite zur Mitte führen und im Knauf vernähen.

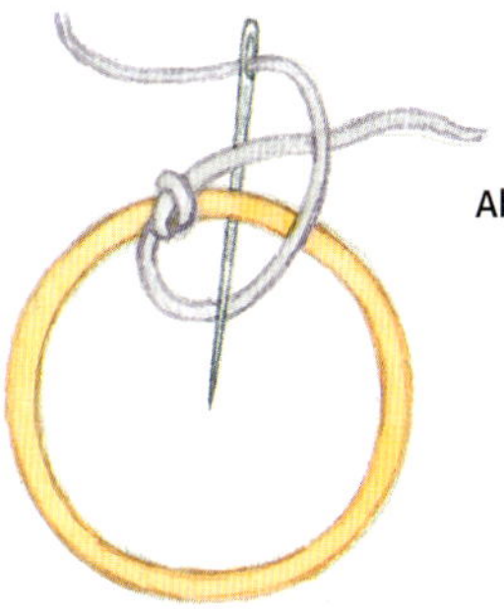

Abb. 6

Abb. 7

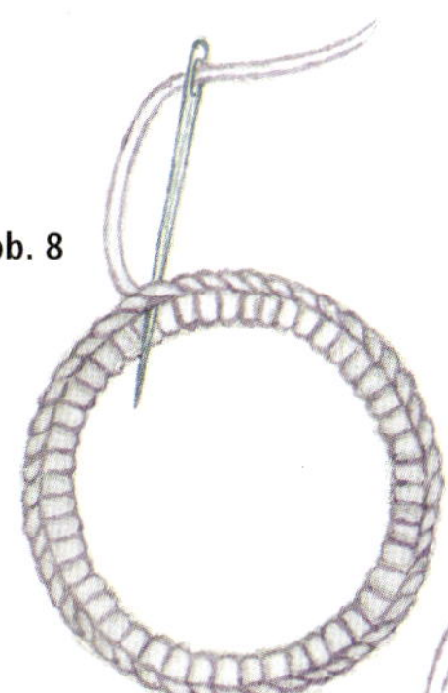

Abb. 8

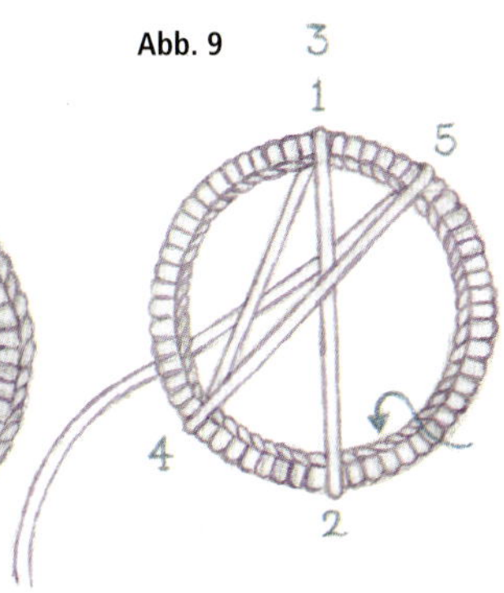

Abb. 9

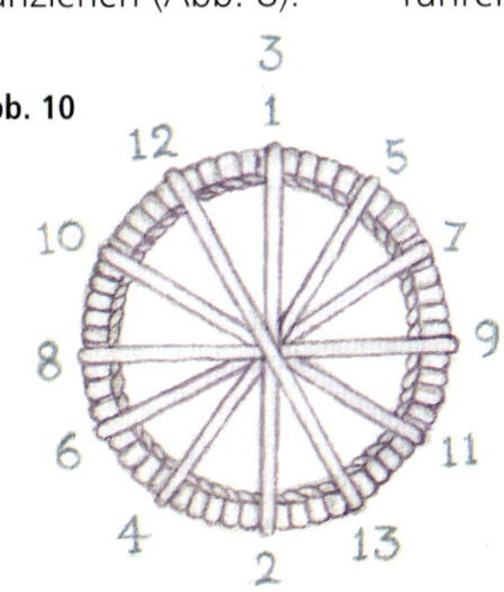

Abb. 10

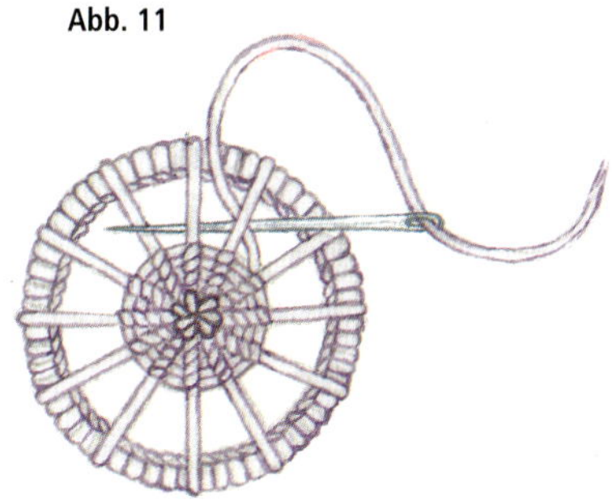

Abb. 11

Chinaknoten als Knöpfe

Dies sind die Knoten, die in China so häufig an Kleidern und Taschen zu sehen sind. Sie eignen sich bestens für Nachthemden und Pyjamas, da sie weich sind und man bequem auf ihnen liegt. Auch wenn man eine Weile braucht, bis man sie beherrscht, sind sie doch leichter und schneller herzustellen, als man zunächst meint. Außerdem ist es mit diesen Knoten wie mit dem Fahrradfahren: Wenn man es einmal gelernt hat ... Da sie ziemlich strapaziert werden, sollten Sie einen festen, dicht gewebten Stoff dafür hernehmen und Stoffe meiden, die zu dick sind oder leicht ausfransen. Ansonsten können Sie aber nach Herzenslust herumexperimentieren und das Knüpfen schicker Knoten genießen.

Chinaknoten machen

Am besten üben Sie mit einer Kordel.

1 Ein Stück Kordel von 75 cm Länge abschneiden. Die Enden fest mit Klebeband umwickeln, damit sie sich nicht aufdröseln.

2 Die Mitte der Kordel über die linke Hand legen (Abb. 1).

3 Ein Ende der Kordel von hinten nach vorne führen und auf der Handfläche eine Schlaufe bilden (Abb. 2).

4 Den Kreuzungspunkt dieser Schlaufe mit dem Daumen gegen den Mittelfinger der linken Hand halten. Das vordere Ende der Kordel nach rechts unter das hintere Ende und dann nach oben schlagen, dann nach links und durch die Schlaufe führen (Abb. 3).

5 Das vordere Ende nach unten und nach rechts nehmen und, wie in der Abbildung gezeigt, unter zwei und über zwei Fäden führen. Das hintere Ende nach oben und nach links nehmen und wie in der Abbildung unter zwei und über zwei Fäden führen (Abb. 4).

6 Das ganze Gebilde von der Hand streifen und vorsichtig umdrehen, so daß kein Faden verrutscht. Umgedreht wieder auf die linke Hand legen, wobei die beiden Enden zwischen Zeige- und Mittelfinger herabhängen. Nach und nach jede Schlaufe rundziehen, dabei den überschüssigen Faden zwischen die Finger nehmen und dadurch straffziehen (Abb. 5). Schließlich hat sich ein kleines, festes Knäuel gebildet.

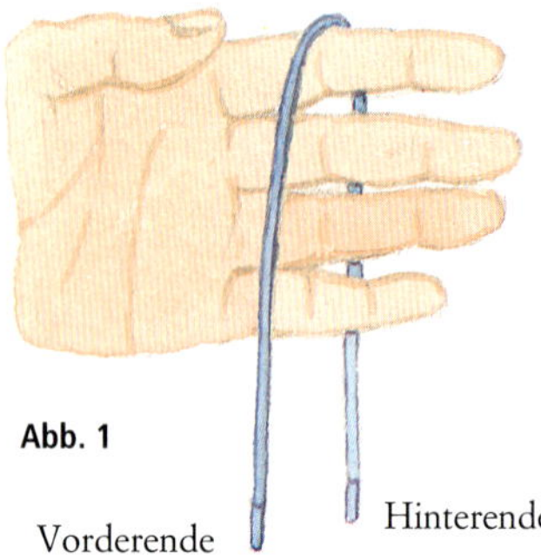

Abb. 1

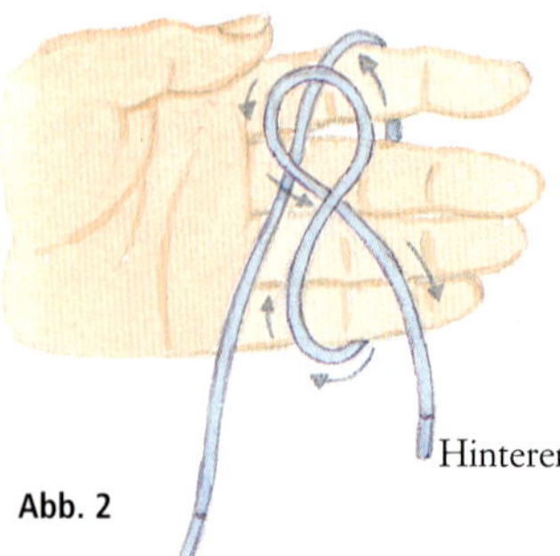

Abb. 2

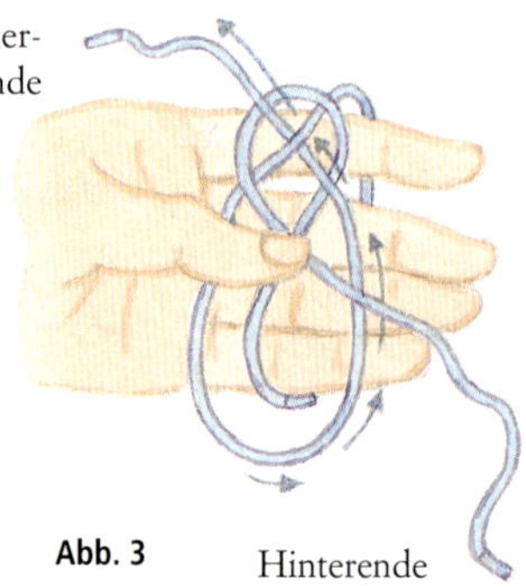

Abb. 3

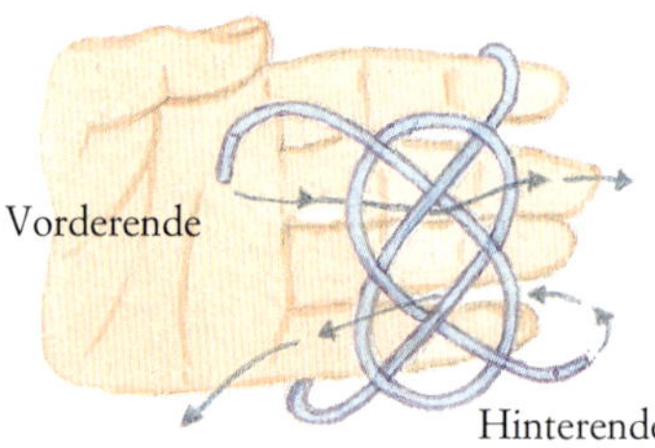

Abb. 4

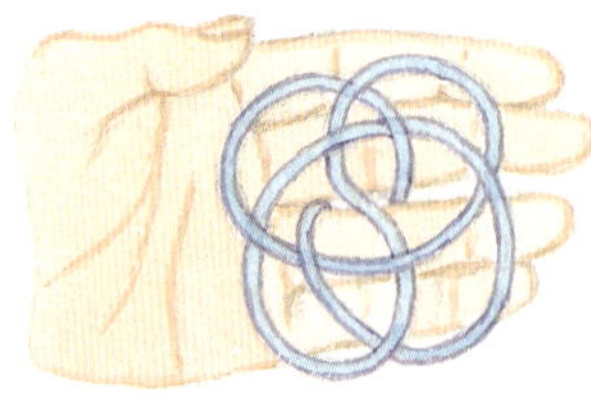

Abb. 5

Wenn Sie diese Technik mit der Kordel beherrschen, dann können Sie sich an ein Stoffband wagen. Und das wird so hergestellt:

1 Ein Schrägband (siehe Seite 21) von ca. 75 cm Länge und 2,5 cm Breite ausschneiden.

2 Der Länge nach rechts auf rechts auf die Hälfte zusammenfalten und ca. 4–6 mm von der Faltkante festnähen.

3 Mit Hilfe stumpfer Nadel umwenden.

Knoten annähen

1 Die langen Enden der Knoten auf die geforderte Länge zuzüglich Umbug zuschneiden. Aus einem dieser Enden wird die Knopflochschlaufe gebildet.

2 Die Enden gegenüberlegen. Umschlagen, um sauberen Abschluß zu bilden.

3 An der gewünschten Stelle anheften und prüfen, ob die Schlaufe gut über den Knoten paßt. Sauber und fest mit der Hand annähen.

Bänder und Schlaufen

Abgesehen von ihrer praktischen Funktion erfüllen Schlaufen und Bänder auch dekorative Aufgaben, wenn sie aus kontrastierenden Farben und Oberflächen gemacht werden. Nehmen Sie dazu Stoffe oder Materialien wie Cord, Band, Strick, Litze oder Leder. Hin und wieder kommt sogar eine Kette zum Einsatz. Überlegen Sie sich stets, wozu sie herhalten müssen, und wählen Sie ein Material, das solchen Strapazen gerecht wird. Stoffschlaufen und -bänder können auf vielerlei Arten hergestellt werden, von denen Sie hier zwei kennenlernen; beide können gegebenenfalls mit Einlagen verstärkt werden. Verwenden Sie ein festes Garn, mit dem sich haltbare Träger herstellen lassen.

Stoffbänder herstellen

1 Einen Stoffstreifen auf die geforderte Länge und die doppelte fertige Breite zuschneiden, dabei ringsum Nahtzugabe einräumen.
2 Der Länge nach auf die Hälfte zusammenfalten (rechts auf rechts) und über ein Ende und entlang der Seite zusammennähen.
3 Auf rechts wenden. Dabei eine Sicherheitsnadel oder stumpfe Stricknadel verwenden, um das vernähte Ende durch die Stoffröhre zum offenen Ende zu schieben.
4 Schlaufe bügeln und das offene Ende sauber einschlagen. Feststecken und zur Befestigung ein Rechteck nähen.

Tasche aus Drillich

Diese einfache Stofftasche mit ihrem praktischen Reißverschlußfach kann aus festem Baumwoll- oder Leinenstoff wie Drillich, Leinwand oder Segeltuch angefertigt werden.

Abb. 6

Abb. 7

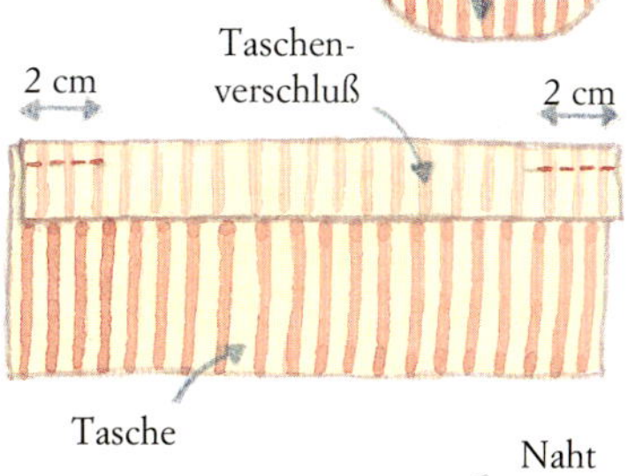

Abb. 8

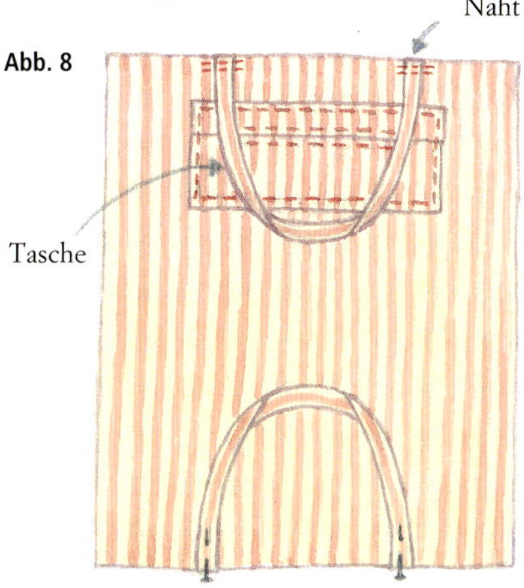

Material

120 cm Stoff, 110 cm breit
20 cm langer Reißverschluß
Passendes Nähgarn

Zuschneiden

2 Hauptteile, 76 cm (in Streifenrichtung) x 45 cm
4 Zwickel, 36 cm (in Streifenrichtung) x 15 cm. Längs zusammenfalten, Ende abrunden (Abb. 6)
2 Träger, 85 cm (in Streifenrichtung) x 10 cm
1 Taschenstück, 18 cm x 24 cm
1 Taschenverschluß, 8 cm x 24 cm

Fertigstellen

Mit 2 cm Nahtzugabe arbeiten.
1 Die Teile für das Reißverschlußfach rechts auf rechts aufeinanderlegen, dabei die langen Kanten zur Deckung bringen, feststecken. An beiden Enden auf je 2 cm zusammennähen, mit Rückwärtsstichen verstärken (Abb. 7). Nahthälften aufbügeln, Reißverschluß einnähen (siehe Seite 48).
2 Rings um das Fach 2 cm auf die linke Stoffseite bügeln. Auf Mitte ausrichten und 10 cm unterhalb der schmaleren Kante auf eine der Hauptteile legen. Feststecken, 1 cm vom Rand annähen.
3 An den langen Seiten jedes Griffs 1 cm Stoff auf linke Stoffseite bügeln. Umbügeln, daß sich Kanten in der Mitte treffen. Zusammennähen. Griffe rechts auf rechts auf ein Hauptteil legen, wobei die Enden 12 cm entfernt an einer kurzen Seite liegen. Feststecken und -nähen (Abb. 8).
4 Längsseite eines Zwickels rechts auf rechts auf Längsseite eines Hauptteils legen; die oberen Enden deckungsgleich. Entlang einer Kante, um das abgerundete Ende des Zwickels und die andere Seite hoch feststecken und zusammennähen. Zweiten Zwickel genauso. Restliche zwei Zwickel als Futter auf das zweite Hauptteil nähen.
5 Hauptteile liegen rechts auf rechts aufeinander; ineinander schieben, an der Kante feststecken, nähen. Eine Zwickelnaht 10 cm auftrennen, Tasche durch Öffnung auf rechts wenden. Hauptteil mit Reißverschlußfach in das andere schieben, Oberkante bügeln. Griffe wegziehen, in 1 cm Abstand von der Kante das obere Ende mit Naht umnähen. Nahtöffnung zunähen.

Strandkissen

Diese beiden schlichten Kissen werden aus strapazierfähigen und dabei dekorativen Stoffen angefertigt. Verziert werden sie entweder mit Schleifen in einer Kontrastfarbe oder mit einem Band, das aus dem umgedrehten Grundstoff gemacht wurde. Fester Baumwolldrillich, Leinwand, Kattun oder Segeltuch sind gleichermaßen geeignet.

Kissen mit Schleifen

Abb. 1

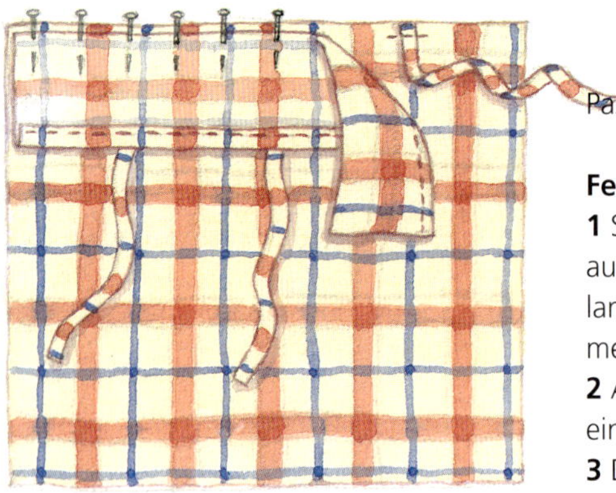

Material

Genügend Stoff für 2 Quadrate à 70 cm x 70 cm

Stoffstreifen von 70 cm x 20 cm für Verschlußklappe, 6 Streifen für die Schleifen, je 35 x 9 cm

Passendes Nähgarn

Fertigstellen

1 Streifen für Schleifen der Länge nach auf die Hälfte falten (rechts auf rechts), langen Kanten und ein Ende zusammennähen. Wenden und bügeln.

2 An einer langen Kante der Klappe einen Doppelsaum umschlagen.

3 Drei Schleifenstücke in gleichmäßigen Abständen auf eine Kante eines Stoffquadrats legen, Klappe mit der rechten Seite nach unten so darüberlegen (Abb. 1), daß Kanten deckungsgleich sind. Feststecken und nähen. Nahtzugaben zuschneiden, wenden und bügeln.

4 An einer Seite des anderen Quadrats einen doppelten Saum umschlagen, dann rechts auf rechts auf das erste Quadrat legen. Restliche Seiten zusammenstecken und -nähen.

5 Den Bezug wenden und die restlichen Schleifen auf die freie Kante legen, so daß diese mit den Schleifen auf der Vorderseite übereinstimmen. Kanten einschlagen und fest darübernähen.

Kissen mit Knöpfen

Material

Grundstoff 70 cm x 105 cm, wobei die Streifen parallel zur kürzeren Kante verlaufen

Stoffband 28 cm x 105 cm, dessen Streifen längs verlaufen

Passendes Nähgarn

2 Knöpfe

Fertigstellen

1 Das Band der Länge nach auf die Hälfte zusammenfalten (links auf links) und bügeln. Entlang einer langen Kante den Stoff um 2 cm auf die linke Seite umbügeln. Die halbe Länge mit Zickzackstich versäubern. 1,5 cm innerhalb der Kante über den versäuberten Teil nähen.

2 Lange freie Kante des Bandes auf lange Kante des Grundstoffes legen (rechts auf rechts), Enden und Kanten zur Deckung bringen. Feststecken, mit Nahtzugabe von 2 cm zusammennähen, über das Band bügeln. Kanten des halben Saumes passend versäubern.

3 Band und Hauptteil rechts auf rechts auf die Hälfte zusammenfalten (Abb. 2), dabei die Schmalseiten des Bandes zusammenlegen und alle Kanten des Bezugs zur Deckung bringen. Die Enden des Bandes erneut einschlagen, dann über die Enden, entlang den Seiten und über die Unterkante zusammenstecken (Abb. 3). Zusammennähen und wenden.

4 Das nicht mit Zickzackstich versäuberte Ende des Bandes auf die linke Seite der Naht stecken und mit einer sichtbaren Naht festnähen. Auf dieser Seite des Bandes zwei Knopflöcher durch beide Stofflagen machen und durch sie die Position der Knöpfe auf der losen inneren Klappe markieren. Stoffquadrate auf die Rückseite der markierten Stellen stecken und mit Zickzackstich verstärken. Knöpfe auf den Markierungen annähen.

Abb. 2

Abb. 3

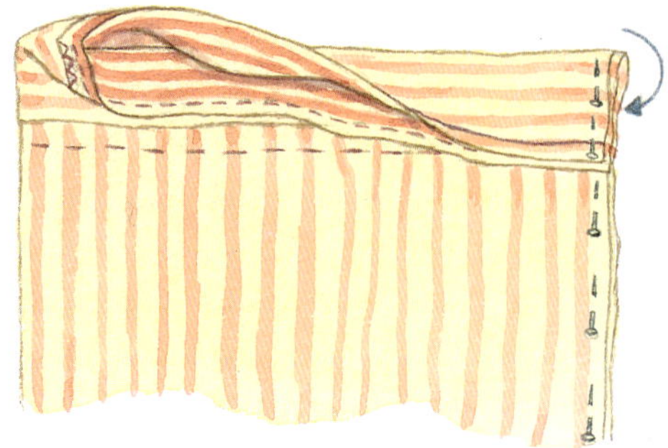

Kissen mit Hasenohren

Dieses eigenwillige Kissen spielt mit den unterschiedlichen Oberflächen und Farbtönen ungefärbter Naturstoffe. Kattun, Leinen oder sogar Rupfen bieten die hierfür geeigneten neutralen Schattierungen, aber ein ähnlicher Effekt ließe sich auch mit einer Reihe von subtilen Farben erzielen. Die Fische treten als Applikationen auf, die unter einem Stück Musselin festgehalten werden. Das Fischmotiv läßt sich problemlos gegen andere austauschen, wie zum Beispiel Sterne, Bäume, Kaninchen oder gar geometrische Stücke, mit denen Sie dem Kissen Ihren persönlichen Stempel aufdrücken können.

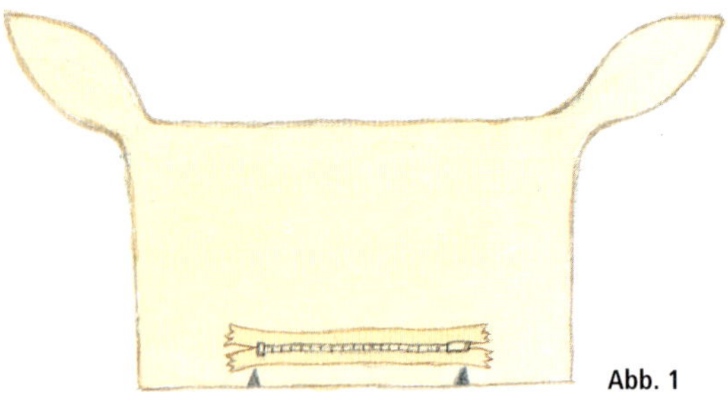

Abb. 1

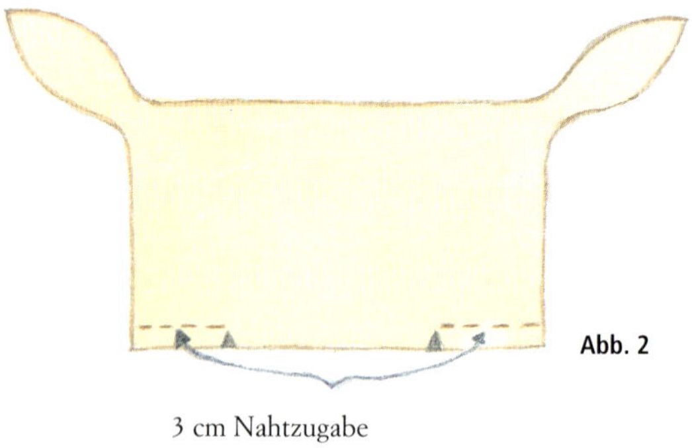

Abb. 2

Material

Kattun oder andere Baumwoll- oder Leinenstoffe, 170 cm x 90 cm
Ein Stück Musselin oder anderer transparenter Stoff, 36 x 8 cm
Drei Stücke weißer oder zartfarbener Stoff, 8 x 12 cm, für die Fische
Zierperlen für die Fischaugen und Ecken
30 cm langen Reißverschluß

Schnittmuster vergrößern

Anhand der Schnittmusterzeichnung auf Seite 105 ein 80 cm großes Papierquadrat genau auf die Hälfte zusammenfalten, dann erneut halbieren, dann Hauptteil und Schleife aufzeichnen.

Zuschneiden

Aus Kattun:
1 Hauptteil
2 Teile, anhand des in der Mitte durchgeschnittenen Hauptteils (an einer Faltkante) + 3 cm Nahtzugabe an jeder der Schnittkanten
8 Teile für die Schleifen

Aus Musselin:
1 Rechteck, 36 cm x 8 cm
Aus weißem/zartfarbenem Stoff:
3 Fische

Fertigstellen

1 Die Fische auf dem Grundstoff anstecken und prüfen, ob das Musselinstück darüberpaßt, dann leicht mit der Hand mit Nähgarn annähen.
2 Das Musselinstück feststecken und mit der Maschine ca. 1 cm innerhalb der Kante ringsum festnähen, dabei kleine Stiche verwenden. Vorsichtig an den Kanten Fäden zu Fransen ziehen.
3 Mit Stickgarn kleine Vorstiche um jeden Fisch ausführen und die Zierperlen für die Augen annähen.
4 Den Reißverschluß auf die Mitte ausgerichtet auf die gerade Kante eines der halben Rückenteile legen und an beiden Enden der Zähne eine Kerbe einschneiden (Abb. 1). Die halben Rückenteile rechts auf rechts mit deckungsgleichen Kanten aufeinanderlegen und feststecken. Mit einer Nahtzugabe von 3 cm von beiden Enden bis zur Kerbe nähen und Nähte mit Rückwärtsstichen verstärken (Abb. 2). Den Reißverschluß in die Naht einsetzen (siehe Seite 48).
5 Reißverschluß öffnen und Vorder- und Rückenteil rechts auf rechts ringsum zusammenstecken. Mit einer Nahtzugabe von 1,5 cm zusammennähen, die an den Ohren auf 7 mm reduziert wird. Um die Ohren mit Verriegelungsstichen und kleinerem Stich nähen. Die Spitzen zuschneiden und die Nahtzugabe in den Rundungen einschneiden (Abb. 3). Auf rechts wenden und bügeln.
6 Vier Paar Schleifenstücke rechts auf rechts ringsum zusammenstecken, mit einer Nahtzugabe von 5 mm zusammennähen, dabei in der Mitte 3 cm frei lassen (Abb. 4). Mit Verriegelungsstichen übernähen, zuschneiden und die Naht wie vorhin zuschneiden. Jede Schleife durch die Lücke auf rechts wenden, mit Hohlstichen schließen. Bügeln. Perlen auf jede Ecke nähen und Schleifen um alle Ecken des Kissens binden.

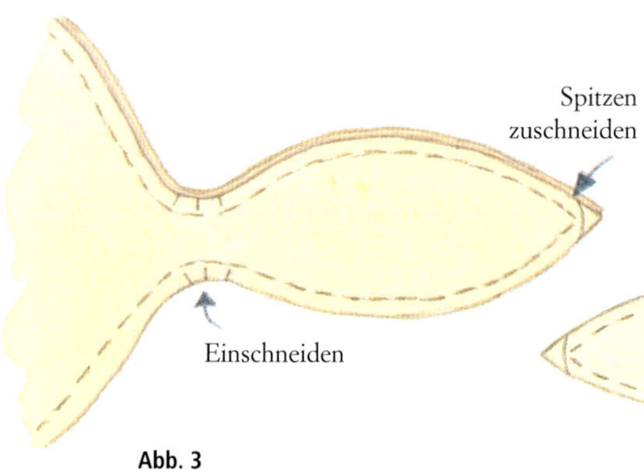

Abb. 3

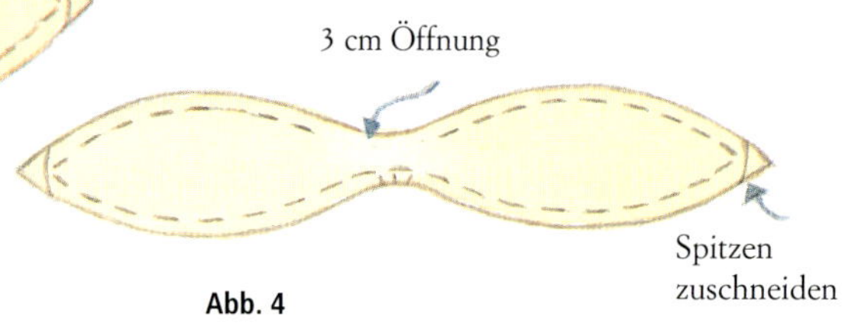

Abb. 4

Weste mit Chinaknoten

Diese klassische Weste ist relativ einfach zu nähen und kann aus einer ganzen Reihe von Stoffen – von kühlem, sommerlichem Leinen bis hin zu warmen, winterlichen Wollstoffen – hergestellt werden. Die Knöpfe aus Chinaknoten (siehe Seite 54) erfordern ein wenig Übung, bilden dafür aber eine außergewöhnliche Verzierung, mit der Sie Ihre Freunde beeindrucken werden! Nehmen Sie sich die Zeit und lernen Sie, wie man sie macht, und Sie werden feststellen, wie schnell sie sich knüpfen und auf welch vielfältige Weise sie sich einsetzen lassen.

Für die Weste auf dem Foto wurde ein gestreifter Brokat hergenommen, und die Vorderseite wurde mit mittelschwerer Baumwolle unterfüttert, um ihr zusätzliche Fülle zu geben; wenn Sie ein weicheres Erscheinungsbild bevorzugen, benutzen Sie einfach eine ganz leichte Einlage. Für eine solch große Fläche empfehlen sich keine Bügeleinlagen, da diese manchmal Blasen bilden oder sich beim Waschen ablösen.

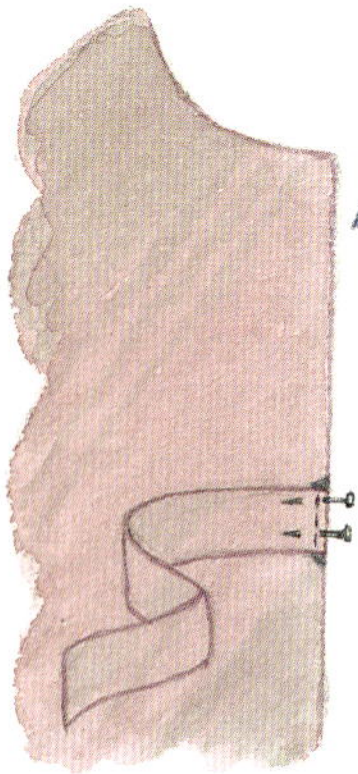

Abb. 1

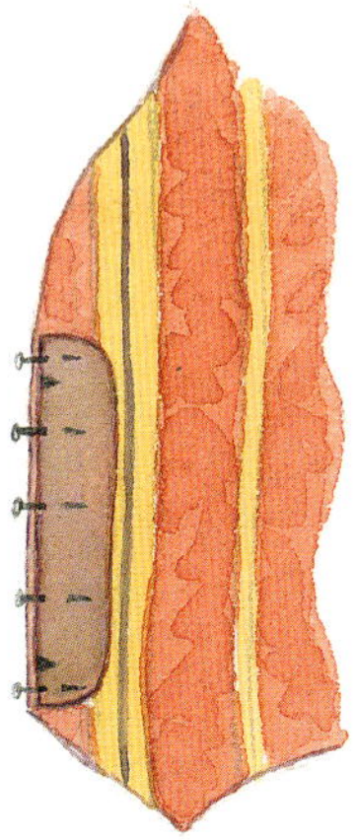

Abb. 2

Material

90 cm Grundstoff, 120 cm breit
140 cm Futterstoff, 120 cm breit
90 cm Einlage, 110 cm breit
Passendes Nähgarn
Westenschnalle

Zu beachten: Wenn die Weste gewaschen werden muß, sollten Sie vorher alle drei Stoffe waschen, um sie einlaufen zu lassen, da jeder Stoff vielleicht andere Einlaufeigenschaften hat.

Schnittmuster vergrößern

Vergrößern Sie das Schnittmuster maßstabsgerecht nach der Zeichnung auf Seite 102. Vergessen Sie nicht, alle Kerben, den Fadenlauf und die Positionsmarkierungen für den Gürtel einzutragen.

Zuschneiden

Aus dem Grundstoff:
1 Paar Vorderteile
1 Innenbeleg für Schlitz
2 Schrägstreifen, 3,5 cm x 50 cm für die Chinaknoten
3 Schrägstreifen, 3,5 cm x 30 cm für die Schlaufen
Aus dem Futterstoff:
2 Rückenteile, von denen eines als Futter für das andere dient
1 Paar Vorderteile, als Futter für die Vorderteile
2 Stücke, je 30 cm x 7 cm, für den Gürtel
1 Innenbeleg
Aus der Einlage:
1 Paar Vorderteile
1 Innenbeleg

Fertigstellen

Zu beachten: Da die Weste vollständig gefüttert ist, brauchen keine Nahtkanten versäubert zu werden, schneiden Sie also einfach alles dick auftragende Material weg.

1 Die Gürtelstreifen der Länge nach auf die Hälfte zusammenfalten (rechts auf rechts), dann an der Seite und über ein Ende zusammenstecken und nähen. Mit Hilfe einer Sicherheitsnadel oder stumpfen Stricknadel auf rechts wenden und bügeln. Die Streifen auf die rechte Stoffseite eines der Rückenteile legen (Abb. 1), die offenen Enden zwischen den Kerben an der Seitennaht plazieren, feststecken und annähen. Damit haben Sie das Haupt-Rückenteil.

2 Die Einlage auf der linken Stoffseite der Vorderteile feststecken und ringsum dicht vor der Kante mit großem Stich annähen.

3 Die Vorderteile rechts auf rechts auf das Haupt-Rückenteil legen, so daß sie an den Schulternähten übereinstimmen. Feststecken und nähen. Die Nahtzugaben unter das Rückenteil bügeln und auf der Rückseite nahe an der Naht mit sichtbaren Stichen nähen.

4 Die Schultern des Futters auf die gleiche Weise zusammennähen, aber die Nähte bügeln und keine sichtbare Naht arbeiten.

5 Die Einlage auf die linke Seite des Innenbelegs legen und ringsum dicht vor der Kante festnähen. Das Futter rechts auf rechts auf dem Innenbeleg feststecken. Um drei Seiten herum zusammennähen, die Seite mit den Kerben offen lassen. Auf rechts wenden und bü-

geln. 5 mm von der Naht mit sichtbarer Naht nähen. Die eingekerbten Kanten zusammenstecken und nahe am Rand zusammennähen.

6 Den Innenbeleg rechts auf rechts auf das linke Vorderteil legen (Abb. 2) und die Kerben zur Deckung bringen. Zusammenstecken und nahe an der Kante nähen.

7 Die Weste rechts auf rechts auf das Futter legen (Abb. 3). Die Kanten am Halsausschnitt an der Mitte des Rückenteils zusammenstecken und ringsum fortfahren. Dabei Halsseiten der Schulternähte, die Kerben an den Vorderkanten, die Spitzen an der unteren Kante und die Enden der Seitennähte zur Deckung bringen.

8 Die Armlöcher von der Seitennaht bis zur Schulternaht feststecken und zurück zur zweiten Seitennaht, dabei Kerben der Vorder- und Rückseite jeweils zur Deckung bringen. Die Unterkanten des Rückenteils zusammenstecken.

9 Von der Seitennaht bis zur unteren Kante eines Vorderteils nähen, und an der Spitze eine scharfe Wende machen. Nach oben fortfahren, über das Ende der Schulternaht, über den Halsausschnitt auf dem Rückenteil und das zweite Vorderteil hinunter wie beim ersten Vorderteil.

10 Um die Spitzen mit Verriegelungsstichen nähen und den Stoff knapp daran abschneiden. Wo nötig, die Nahtzugabe einschneiden, damit sie eng anliegt, wenn sie auf rechts gewendet wird.

11 Die Armlöcher von der Seitennaht bis zur Schulternaht nähen und auf der anderen Seite hinunter bis zur Seitennaht. Die Nahtzugabe einschneiden wie vorhin.

12 Über die Unterkante des Rückenteils nähen, und auf der Nadel drehen, so daß an jeder der drei mittleren Spitzen ein scharfer Winkel entsteht. Um die Spitzen mit Verriegelungsstichen nähen, in die Einbuchtung dazwischen einen

Abb. 3

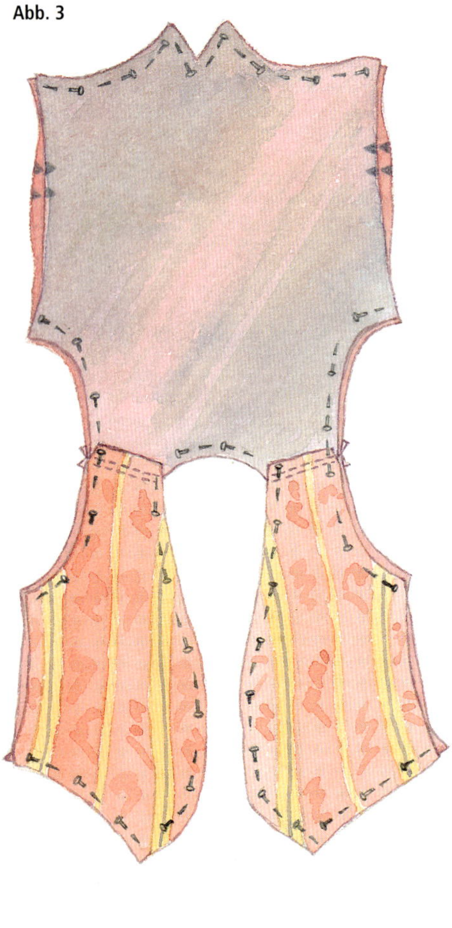

Abb. 4

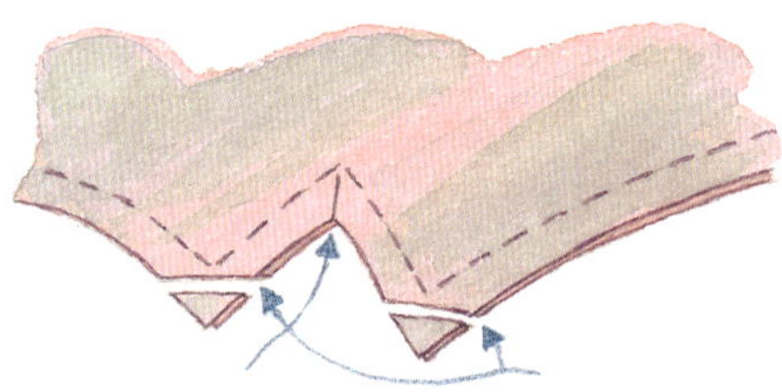

Abb. 5

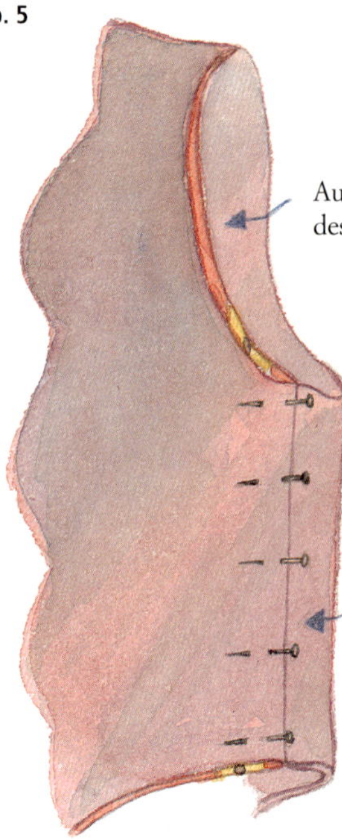

Einschnitt machen und Stoff an den Spitzen bis zur Naht hin abschneiden (Abb. 4).

13 Die Weste auf rechts wenden, indem Sie Ihre Hand zwischen den zwei Stofflagen beider Seitennähte des Rückenteils hochschieben und beide Vorderteile durchziehen. Alle genähten Kanten bügeln, wobei die Nähte nach innen rutschen.

14 Die zwei Lagen der Seitennähte des Rückenteils zusammenstecken und nahe der Kante zusammennähen. Die Hauptseitennaht des Vorderteils rechts auf rechts auf die Seitennaht des Rückens legen und dabei das Futter der Vorderseite und die Nahtzugaben auf beiden Seiten frei lassen. Nähen und bügeln, so daß die Nahtzugabe unter dem Vorderteil liegt.

15 Die Nahtzugabe des Vorderteil-Futters auf die linke Seite bügeln und über die Nahtzugabe schlagen, so daß sie nahe an die Stiche der Seitennaht heranreicht (Abb. 5). Im rechten Winkel zur Naht feststecken, auf rechts wenden und auf der Vorderseite knapp an der Naht mit sichtbaren Stichen zusammennähen. Bügeln.

Abb. 6

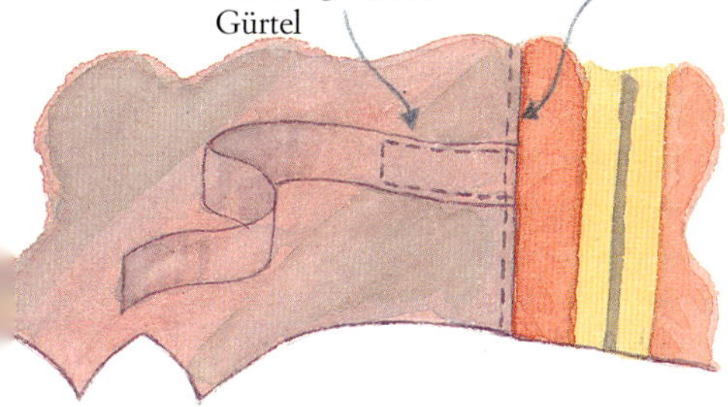

16 Die Gürtelenden durch beide Stofflagen hindurch auf dem Rückenteil feststecken (siehe Positionierungslinien auf dem Schnittmuster). Beide Seiten entlang und über das Ende nähen (Abb. 6). Die Schnalle über das eine Ende des Gürtels ziehen und annähen, dabei, falls nötig, einen Reißverschlußfuß verwenden, um nahe genug an der Schnalle nähen zu können.

17 Die Weste sehr vorsichtig bügeln, dann um die Kanten eine sichtbare Naht machen.

18 Die Chinaknoten anfertigen (siehe Seite 54), wobei die längeren Streifen für die Knoten gedacht sind und die kürzeren für die Schleifen. Ihre Position auf den Kanten der Vorderseite anzeichnen und festnähen.

Sitzsack

Mit einem Sitzsack schneidern Sie sich die legere Sitzgelegenheit für drinnen und draußen. Und fürs Kinder- und Spielzimmer sind Sitzsäcke geradezu ideal. Wählen Sie einen festen, waschbaren Bezugsstoff für die Hülle. Da die Styroporkugeln der Füllung kleinen Kindern unter Umständen gefährlich werden können, ist hier ein kräftiges Futter nötig, das die Füllung sicher umschließt.

Material
230 cm fester Stoff, 120 cm breit
230 cm Kattun, 120 cm breit
120 cm langer Reißverschluß
Kräftiges Nähgarn
Styroporkugeln als Füllung

Schnittmuster zeichnen und ausschneiden

1 Die Schnittmusterteile für die Seitenfelder, Boden und Oberteil zeichnen (Abb. 1, 2, 3 und Schnittmusterzeichnung auf Seite 104).

2 Sechs Seitenfelder, ein Boden und Oberteil aus beiden Stoffen ausschneiden.

Fertigstellen

Durchwegs mit einer Nahtzugabe von 2 cm nähen.

1 Sowohl bei Bezug als auch Futter ein Seitenfeld rechts auf rechts auf das andere legen. Entlang einer langen Kante zusammenstecken und nähen, dabei an beiden Enden die Naht mit Rückwärtsstichen vernähen. Aufschlagen und die anderen vier Seitenfelder auf die gleiche Weise zusammennähen, aber weder bei Bezug noch Futter abschließende Nähte machen.

2 Sämtliche Nahtzugaben auf eine Seite bügeln und 1 cm von der Naht eine sichtbare Naht anlegen. Die restlichen Seitenfelder rechts auf rechts zusammenlegen und die abschließenden Nähte und sichtbaren Nähte auf Bezug und Futter auf die gleiche Weise anfertigen.

3 Beim Bezug Nahtzugabe an fünf Seiten des Bodens auf die linke Seite bügeln und über die Reißverschlußzähne schlagen. Feststecken und nähen.

4 Den Boden rechts auf rechts auf die breitere (Unter-)Kante der Seitenfelder legen. Die Kante des Reißverschlusses mit der Kante von fünf Seiten, und die freie Kante des Bodens mit dem sechsten Seitenfeld bündig machen, feststecken und nähen. Die Nahtzugabe so bügeln, daß sie unter den Seitenteilen liegt und mit sichtbarer Naht übernähen.

5 Beim Futter Seitenfelder in gleicher Weise auf dem Boden befestigen, dabei aber eine Seite offen lassen. Wie beim Bezug mit sichtbarer Naht übernähen.

6 Reißverschluß öffnen. Bei Bezug und Futter das Oberteil rechts auf rechts auf das obere Ende der Seitenfelder legen und alle sechs Seiten zur Deckung bringen. Ringsum feststecken und nähen. Beide Stücke auf rechts wenden und mit sichtbaren Nähten übernähen.

7 Das Futter in den Bezug geben und zur Hälfte oder bis zu zwei Dritteln mit Styroporkugeln füllen (machen Sie sich dafür einen Trichter aus einer zusammengerollten Zeitung). Die offenen Kanten des Futters zusammendrücken, feststecken und zweireihig mit der Maschine zusammennähen. Reißverschluß zuziehen.

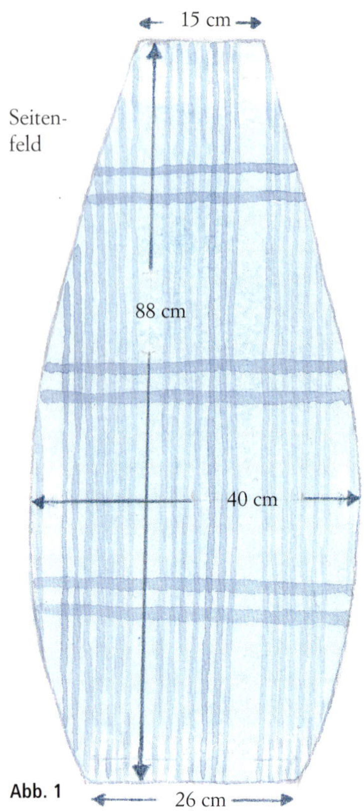

Abb. 1

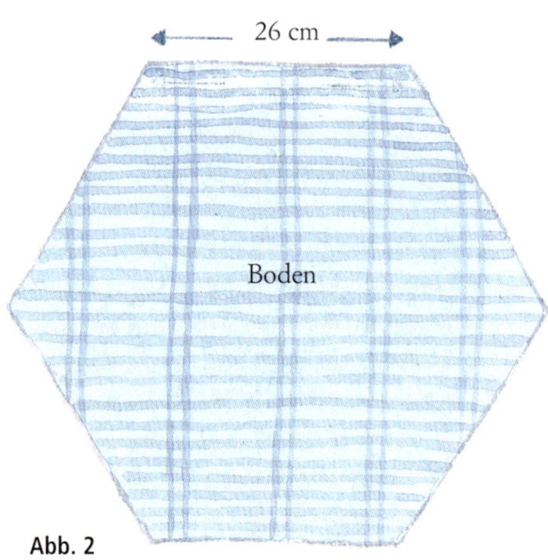

Abb. 2

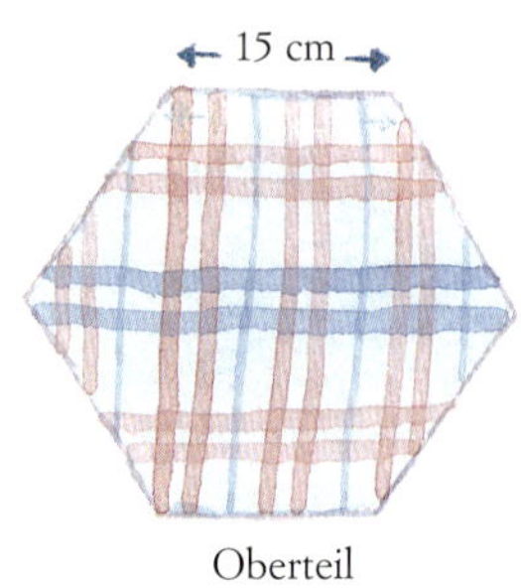

Abb. 3

Praktische Zugbeutel

Mit dieser Anleitung können Sie Beutel in allen möglichen Größen anfertigen – von den ganz kleinen, in denen man Schmuckstücke aufbewahren kann, bis hin zu Wäschesäcken. Sie sind ideal zum Verwerten von Stoffresten und können mit einem Stickfeld verziert werden, wie es auf dem Foto zu sehen ist. Auf der Grundlage dieser Anleitung können Sie problemlos allerlei Arten von Stoffbeuteln selbst herstellen.

Material

Stoffreste für den Beutel, Stickfeld, Schnurführung und Schleife
Ein Streifen dekorativer Stoff als Kantenabschluß, von derselben Länge wie oberes Ende des Beutels
Passendes Nähgarn

Schnittmuster zeichnen und zuschneiden

1 Mit Schneiderkreide ein Rechteck von der Größe des fertigen Beutels auf der Rückseite des Stoffes anzeichnen. Ein weiteres Rechteck von der gleichen Größe für die andere Seite des Beutels zeichnen: entweder auf eine Seite (Abb. 1) oder am Ende (Abb. 2) oder ein Rechteck auf doppelt genommenen Stoff zeichnen (Abb. 3), je nach Zuschnitt Ihres Stoffrestes.

2 Oben die Breite dazugeben, die für die Rüschen benötigt wird.

3 Ringsum Nahtzugaben einräumen und ausschneiden.

4 Ein Rechteck für das Stickfeld in gewünschter Größe plus Nahtzugaben aus einem kontrastierenden Stoff ausschneiden.

5 Aus kontrastierendem Stoff die Führung für die Schnur ausschneiden. Länge: entspricht der doppelten Breite des fertigen Beutels, Breite: doppelte Breite der fertigen Schnur plus Nahtzugaben ringsum.

6 Einen Streifen für die Schnur ausschneiden: Er ist ca. 20 cm länger als der Führungsstreifen, und seine Breite entspricht der doppelten fertigen Breite plus Nahtzugaben ringsum.

Fertigstellen

1 Das Feld besticken. Die Nahtzugaben auf die linke Seite bügeln, dann das Feld auf den Beutel legen, feststecken und annähen.

2 Bei einem Beutel, der aus zwei Teilen besteht, diese Teile rechts auf rechts aufeinanderlegen, dann die Seiten und Unterkante feststecken und nähen. Beutel, der aus einem Stück besteht, auf die Hälfte zusammenfalten und die Unterkante oder Seiten feststecken und nähen.

3 Die Oberkante des Beutels versäubern. Einen schmalen doppelten Rand auf die linke Seite umschlagen und nahe der inneren Kante festnähen. Evtl. die dekorative Einfassung von der linken Seite an der Oberkante feststecken und annähen.

4 Alle Nahtzugaben der Schnurführung auf die linke Seite bügeln und über beide Enden nähen. Mit der rechten Seite nach oben auf die rechte Seite des Beutels und an die Rüschenlinie legen. Entlang beider Kanten feststecken und annähen. (Bei kleinen Beuteln die Führung annähen, bevor die Seitennaht genäht wird).

5 Den Stoff für die Schnur der Länge nach in der Mitte falten (rechts auf rechts). Über ein Ende und an der Seite bis zur Mitte nähen, eine Lücke lassen, dann bis ans andere Ende und darüber nähen. Beide Enden mit einer stumpfen Stricknadel durch die Öffnung auf rechts wenden. Die Öffnung mit Hohlstichen verschließen.

6 Die Schnur mit einer Sicherheitsnadel in die Führung einfädeln. Die Enden der Schnur verknoten.

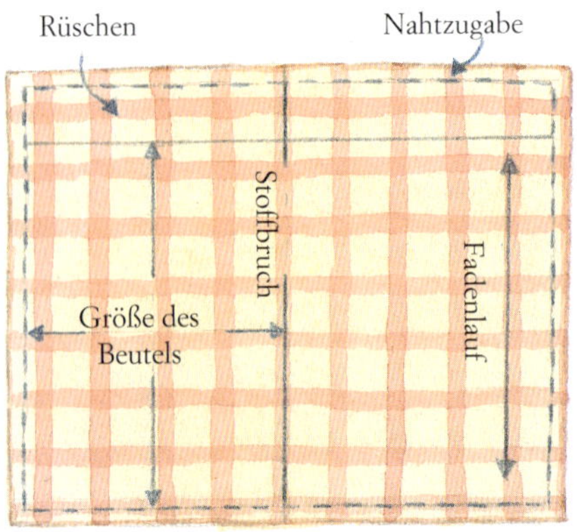

Abb. 1

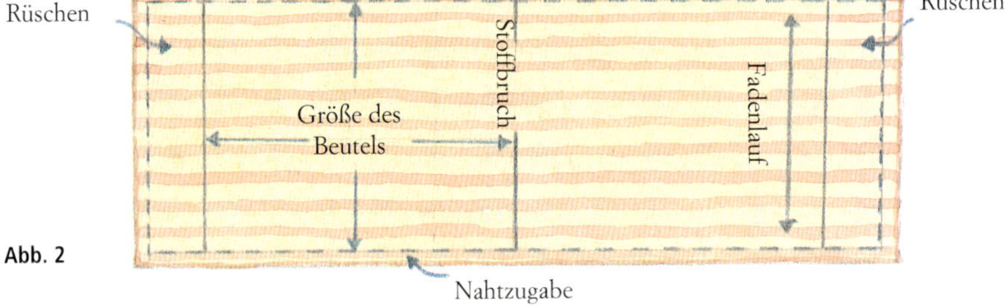

Abb. 2

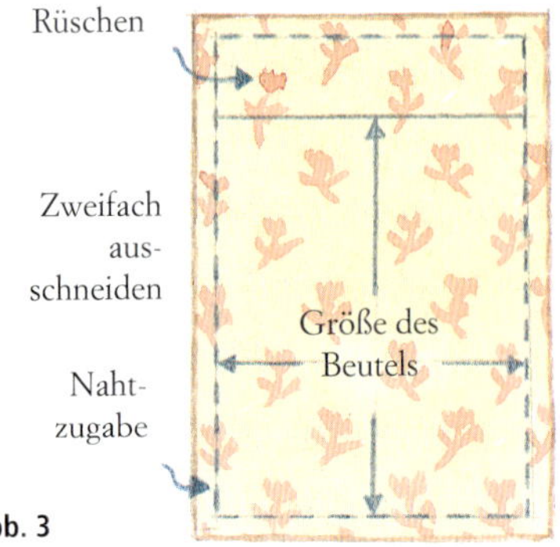

Abb. 3

DAISY
LINEN

Dekorative Details

Die meisten Menschen mögen Verzierungen, weshalb wir alles, was wir herstellen, auch verzieren. Das gilt für Kleidung und Haushaltsgegenstände ebenso wie für Bauwerke. Mit etwas Phantasie und Übung lassen sich die Techniken aus den vorhergehenden Kapiteln zum Arbeiten dekorativer Details abwandeln. Es gibt zum Glück aber auch einfachere Alternativen, nämlich Nähverfahren, die an sich schon dekorativ sind und die auch Neulinge kreativ anwenden können, um ihre Arbeiten zu verschönern. In diesem Kapitel wird Ihnen eine Auswahl dieser Techniken präsentiert – Rüschen und Fransen, Paspeln und Biesen, Winkel und Bogenränder werden Ihnen den Eintritt in das Reich des dekorativen Nähens so richtig versüßen. Denn Sie sind wie der Zuckerguß auf der Torte: ohne praktischen Zweck und doch herrlich.

Fältchen, Rüschen und Rosetten

Das Herstellen von Fältchen wird auch »kräuseln«, »stifteln« oder »raffen« genannt, was schon erahnen läßt, wie Fältchen zustande kommen. Auf Schnittmustern sind selbst die winzigen, fast unsichtbaren Fältchen angedeutet, mit denen eine weich gerundete Form gebildet werden kann, wie zum Beispiel am Ende von Ärmeln. Sie können von Hand kräuseln, aber mit der Maschine geht das schneller, vor allem, wenn es große Stoffmengen zu bearbeiten gilt.

Rüschen sind Stoffstreifen verschiedener Breite, die an einer Kante gekräuselt werden. Normalerweise werden sie in Richtung des Fadenlaufs geschnitten, es gibt sie aber auch als Schrägbänder, mit denen sich ein anderer, gewöhnlich weicherer Effekt erzielen läßt. Rüschen sehen ausgesprochen prunkvoll aus, wenn dieser Effekt noch dadurch verstärkt wird, daß man das Rüschenband der Länge nach faltet. Rosetten bilden eine quicklebendige Verzierung, die sich sehr leicht aus gekräuseltem Stoff oder Band herstellen läßt.

Kräuseln

Mit der Nähmaschine

Maschine auf den längstmöglichen Stich einstellen. Bei manchen Maschinen muß auch die Fadenspannung gelockert werden, um die Fäden zusammenziehen zu können; konsultieren Sie bitte Ihre Betriebsanleitung. Probieren Sie den Kräuselstich auf einem Stoffrest aus, um zu sehen, ob er sich problemlos raffen läßt.

1 Eine Reihe von Stichen nahe der Kräuselkante anbringen. Knapp darüber eine zweite Reihe nähen und am besten noch eine dritte knapp unterhalb der ersten (Abb. 1).

2 Bei kleinen Arbeiten ein Ende fest mit Rückwärtsstichen vernähen; bei großen Arbeiten beide Enden frei lassen. Eine gute Länge Faden an freiem Ende stehen lassen.

3 Die Unterfäden (nur auf der Unterseite des Stoffes) raffen: bei kleinen Arbeiten nur von einem Ende aus, bei größeren von beiden Enden. Behutsam vorgehen, immer Stück für Stück, und alle drei Fadenreihen zusammenziehen, bis die gewünschte Länge erreicht ist (Abb. 2).

Mit der Hand

Faden doppelt nehmen; er ist ein bißchen länger als die zu kräuselnde Kante.

1 Drei Reihen kleiner Vorstiche ausführen (auf beiden Stoffseiten von gleicher Länge) wie oben, dabei für jede Reihe einen eigenen Doppelfaden benutzen.

2 Versuchen Sie, die Stiche auf eine Linie zu bringen, damit sich schön gleichmäßig liegende Fältchen ergeben – denn das ist der einzige Vorteil, den handgearbeitete Fältchen gegenüber maschinengenähten haben. Bei kleinen Arbeiten den Anfang vernähen, bei größeren beide Enden frei lassen.

3 Fäden auf die gewünschte Länge für die Kräuselung zusammenziehen.

Bei beiden Methoden

4 Eine Stecknadel im rechten Winkel zur Kräusellinie in die Enden/das Ende stekken; sie hält den Faden fest. Einen Teil des überstehenden Fadens abschneiden (Abb. 3).

5 Behutsam nachgeben und die Fältchen ausgleichen.

Abb. 1

Abb. 2

Abb. 3

Fältchen annähen

1 Das glatte Stoffstück rechts auf rechts auf den gekräuselten Teil legen, Enden und Kanten müssen bündig sein. Im rechten Winkel zur Kante feststecken, die Fältchen zurechtziehen.
2 Handgenähte Kräuselfältchen mit einer stumpfen Nadel kämmen, damit sie saubere Röhrchen ergeben.
3 Den Faden von der Stecknadel wickeln und fest verknoten.
4 Die Naht mit dem glatten Stück obenauf arbeiten (dem Stoff angepaßte Stichgröße). Wulstige Nahtstücke wegschneiden und Nahtzugabe so bügeln, daß sie unter der glatten Seite liegt.
5 Den dritten Kräuselfaden auftrennen.

Nützliche Tips

- Um herauszufinden, wieviel Stoff benötigt wird, kräuseln Sie ein abgemessenes Stück Stoff, bis es die gewünschte Faltenfülle hat. Messen und die benötigte Stoffmenge berechnen.
- Manchmal müssen Mitte und Viertel angezeichnet werden, damit die Fältchen gleichmäßig werden. Machen Sie dazu von Hand Markierungsstiche, da Kerben leicht unter der Kräuselung verschwinden.
- Manchmal kräuselt sich beim Annähen eines gekräuselten Stücks auch der glatte Teil ein wenig. Abhilfe schaffen, durch Stoffspannung (siehe Seite 27).

Rüschen

Rüschen werden auf genau die gleiche Art und Weise gerafft wie Kräuselfalten. Die für Rüschen benötigte Stoffmenge kann man nur durch Ausprobieren herausfinden. Es gibt verschiedene Methoden, um die Kanten abzuschließen:

- Um 2–3 mm umschlagen und nahe an der Kante nähen. Bis knapp an die Stiche zurückschneiden, die Kante erneut umschlagen und nähen. Das wird auch als »zweifaches Versäubern« bezeichnet, und je schmaler der Rand ausgeführt wird, desto besser sieht er aus.
- Bei dickeren Stoffen versäubert man die Kanten am besten mit Zickzackstich; noch einmal umschlagen und nahe der freien Kante nähen.
- Dünne Stoffe auf die doppelte benötigte Breite zuschneiden und in der Mitte falten. Die zwei Kanten werden dann wie eine einzige gerafft.
- Schneiden Sie Stoffe, die leicht ausfransen, mit der Zickzackschere.
- Schließen Sie die ungesäumte Kante mit Zickzackstichen ab, die eng genug gearbeitet sind, um ein Ausfransen zu verhindern.

Rosetten

- Rosetten können aus Stoffkreisen angefertigt werden, die entlang der Kante straff gekräuselt sind (Abb. 4).
- Streifen säumen, an der gegenüberliegenden Kante kräuseln (Abb. 5).
- Verwenden Sie gefaltetes Schrägband, das an einem Ende zu einer Spitze zugeschnitten wurde. Es wird entlang der Schnittkanten gerafft, um auf diese Weise eine Spirale zu bilden (Abb. 6).

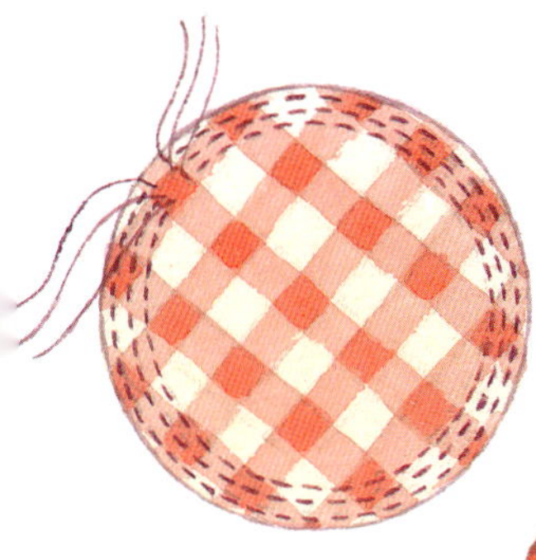

Abb. 4

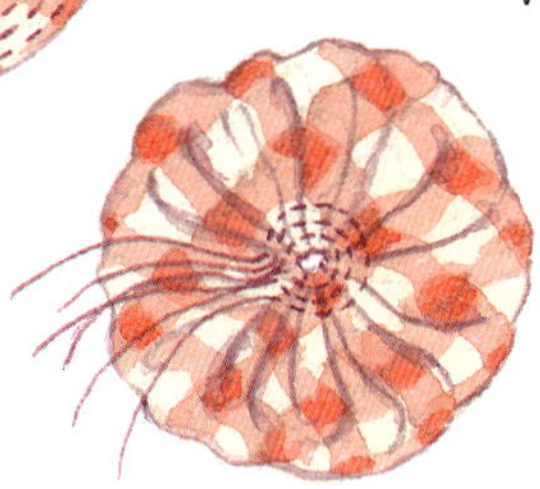

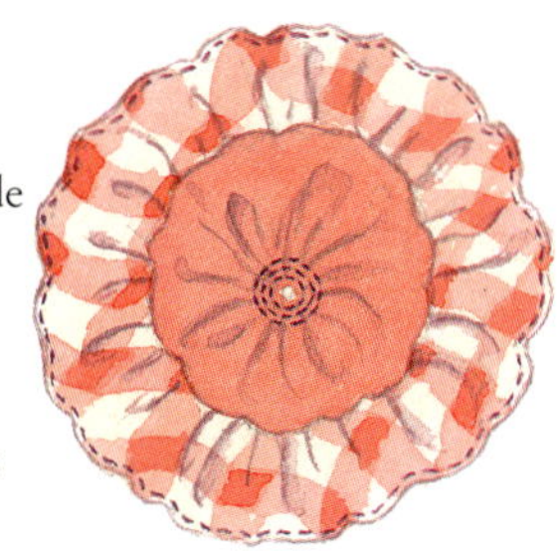

Kleinere, kontrastierende Rosette in der Mitte

Abb. 5

Genähter Saum

Faltkante

Schrägstreifen für Spiralenrosette

Abb. 6

Eine Spiralenrosette formen

Biesen

Diese winzigen Biesen dienen einzig und allein dekorativen Zwecken. Aber das können sie wirklich ausgezeichnet. Eine oder zwei bewirken herzlich wenig, während fünf oder sechs für interessante Strukturen und Muster sorgen.
Auf Stoffen wie Batist und feinen Baumwollstoffen wirken sie nadeldünn, während sie auf schwereren Stoffen viel wulstiger ausfallen und schon eine kleine Anzahl genügt, um Eindruck zu schinden.

Biesen anfertigen

1 Zur Übung: ein kleines Stück Stoff in Richtung des Fadenlaufs so falten, daß die rechte Seite außen liegt, und dicht an der Kante nähen. Machen Sie noch einige Biesen parallel zur ersten, aber mit unterschiedlichen Abständen.
2 Geben Sie den Biesen eine Breite, die zum Stoff paßt; wenn sie zu breit sind, sehen sie plump aus, wenn sie zu schmal sind, bilden sie nur einen Grat, aber keine Biese. Üben Sie, bis sie die Biesen gleichmäßig hinbekommen.

Biesen gruppieren

1 Nahe dem linken Rand eines Stücks Stoffs eine Biese formen und öffnen (Abb. 1). Ca. 1 cm rechts davon den Stoff erneut falten und eine zweite Biese nähen (Abb. 2). Beachten Sie, wo der Nähfuß im Verhältnis zur ersten Biese aufliegt.
2 Öffnen und wieder falten, dabei anhand von Augenmaß und der Position des Nähfußes versuchen, den Abstand zwischen den Biesen gleich zu halten, und eine dritte Biese nähen (Abb. 3 und 4). Auf diese Weise fortfahren, bis die gewünschte Anzahl von Biesen erreicht ist.
3 Die Biesen mit der Spitze des Bügeleisens von links auf eine Seite bügeln.

Nützliche Tips

- Die Biesen nicht bügeln, bevor sie genäht werden – das erschwert die Arbeit nur unnötig.
- Die Biesen auf dem Stoff anbringen, ehe Sie die Schnittmusterteile ausschneiden.
- Arbeiten Sie von links nach rechts. Auf diese Weise bleiben keine Stoffwülste in der Maschine hängen.
- Beginnen Sie alle Biesen am gleichen Ende. Wenn Sie unterschiedlich anfangen, verzieht sich der Stoff.
- Verwenden Sie keinen zu kleinen Stich, da sich dadurch die Naht oft zu sehr versteift. Verwenden Sie das gleiche Garn wie für den Rest der Arbeit, aber benutzen Sie kein zu dickes Garn, da dadurch die Stiche zu sehr auftragen und recht unförmig aussehen.

Abb. 1

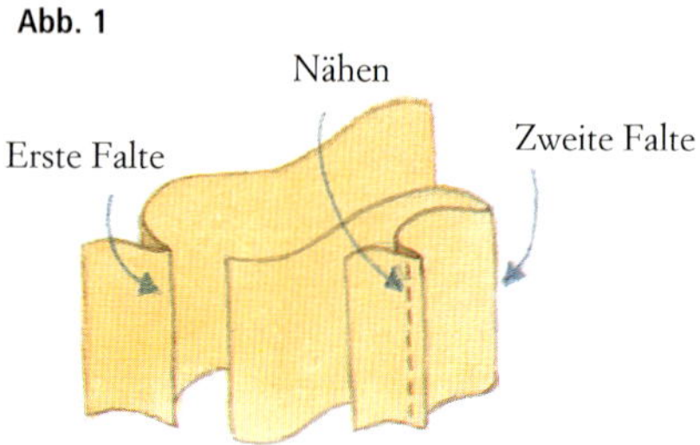

Abb. 2

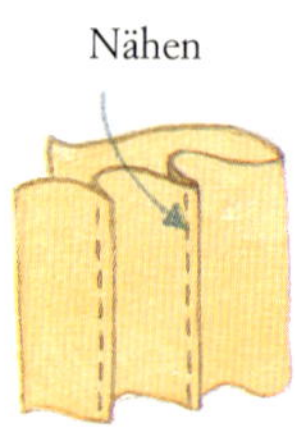

Abb. 3

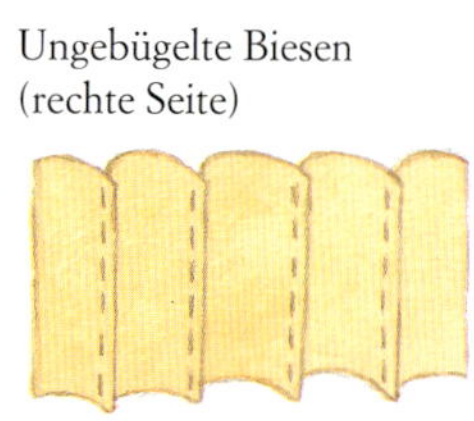

Abb. 4

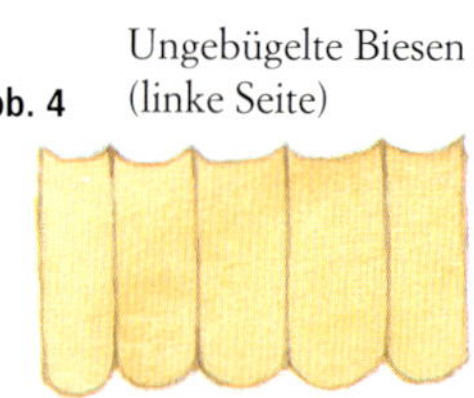

Überkreuzte Biesen machen

1 Biesen-Anfang überlegen und erste Biese auf der Stoffkante markieren.
2 Nähen Sie die erste Gruppe von parallel angeordneten Biesen, und bügeln Sie sie sorgfältig, in einer Richtung liegend (Abb. 5).
3 Den Stoff jeweils im rechten Winkel zur ersten Gruppe falten, damit sich die Biesen überkreuzen. Jede Biese langsam nähen und sehr darauf achten, daß die ursprünglichen Biesen nicht verdreht werden, wenn darübergenäht wird (einige Nähmaschinen neigen mehr dazu als andere).
4 Den Stoff für eine zweite Biese falten, nähen und wiederholen, bis die erforderliche Anzahl von Biesen erreicht ist. Auf eine Seite bügeln (Abb. 6).

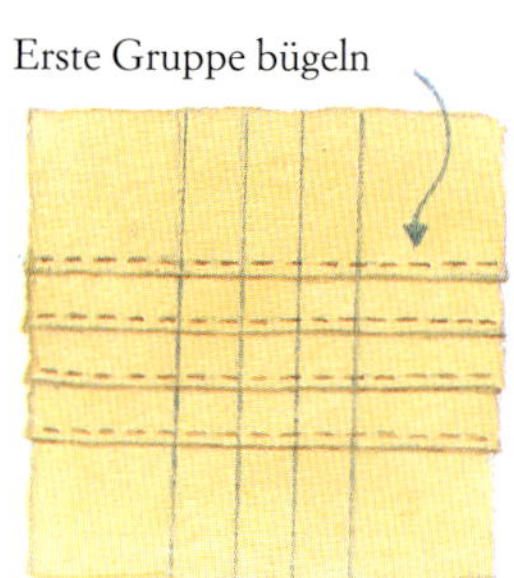

Abb. 5

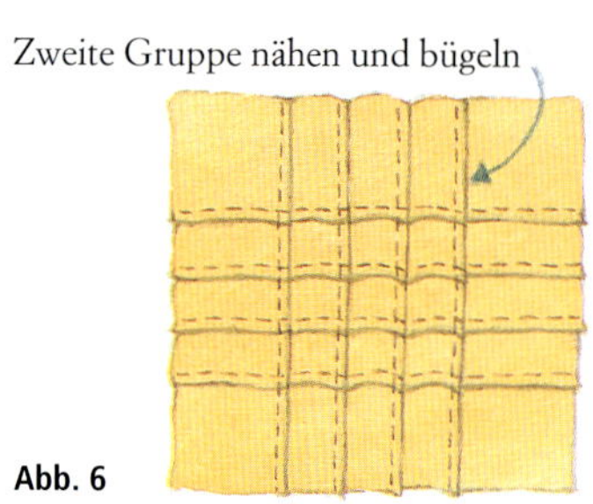

Abb. 6

Falten

Bei Falten haben wir es mit einem sichtbaren äußeren und einem unsichtbaren inneren Falz zu tun. Eine eingelegte Falte wird gebildet, indem ein Stück Stoff nur am oberen Ende zur Falte gelegt und auf eine Seite genäht wird, während Preßfalten oben und unten gefaltet und der Länge nach gebügelt werden. Bei Kellerfalten zeigen die Faltenreihen in entgegengesetzte Richtungen (siehe unten). Für gelegte Falten eignen sich die meisten Stoffe, während Preßfalten einen Stoff erfordern, der eine scharfe Bügelfalte annehmen und halten kann.

Falten arbeiten

1 Entscheiden Sie, wie breit jede Falte sein soll, und rechnen Sie aus, wieviele Falten benötigt werden. Der innere Falz ist gewöhnlich doppelt so breit wie der äußere, je nach Fülle (Abb. 7).

2 In die obere Stoffkante Kerben einschneiden, um die Falt- und Anstoßlinien zu markieren (Abb. 8). Bei Preßfalten den Saum nähen und dessen Stecknadeln als mit den Kerben auf der Oberseite übereinstimmende Markierungen verwenden (Abb. 9).

3 Bei gelegten Falten an den Kerben an der Oberseite die Falten bilden. Feststecken und nahe an der Kante nähen.

4 Bei Preßfalten die erste obere Falte anhand der Kerbenmarkierung legen. An beiden Enden feststecken, durch Auseinanderziehen begradigen und von oben bis unten bügeln. Alle oberen Falten auf diese Weise arbeiten. Die äußeren Falze so umlegen, daß sie auf den Anstoßlinien liegen und das Faltenmuster bilden, und an beiden Enden feststecken. Wie vorher bügeln und über das obere Ende nähen.

Abb. 7

Falten mit unterschiedlich großen inneren Falzen

Abb. 8

Abb. 9 Preßfalten

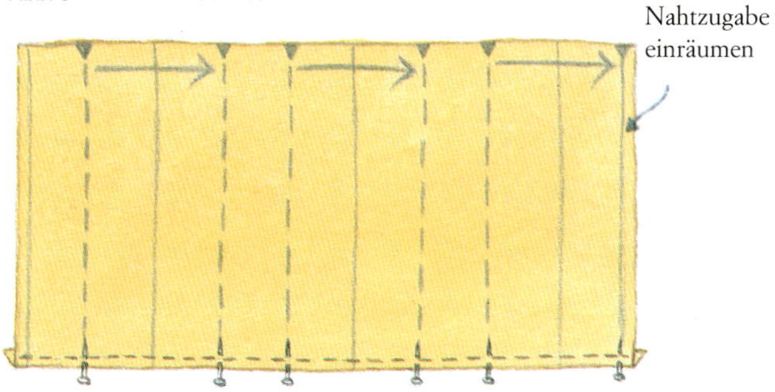

Abb. 9 Keller- und Quetschfalten

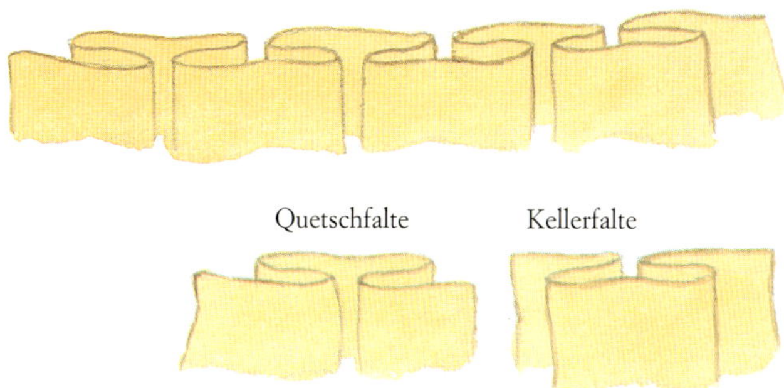

Kissenhülle mit Rüschen

Dekorative Bettwäsche ist teuer, und oft ist es schwer, genau das Richtige zu finden. Dabei sind Kopfkissen- und Bettbezüge einfach, schnell und relativ kostengünstig zu schneidern. Diese Kissenhülle braucht nur ein paar Nähte und Fältchen.

Verwenden Sie dafür Linon oder einen ähnlichen Baumwollstoff. Wenn Sie Karostoff wählen, achten Sie darauf, daß die Karos im rechten Winkel zu den Webkanten eingewebt oder aufgedruckt sind und daß die Karos gerade verlaufen.

Material

Linon oder ähnlicher Baumwollstoff (siehe Zuschneiden, unten)

Passendes Nähgarn

Zuschneiden

1 Übernehmen Sie die Maße von einem Ihrer Kissenbezüge.

2 Für das Hauptteil eines Kissenbezugs benötigen Sie zwei Stoffrechtecke, die Größe des fertigen Kissens plus Nahtzugaben ringsum.

3 Für den Rüschenbesatz brauchen Sie ein Stoffrechteck, dessen Länge dem zwei- bis dreifachen Umfang des Kissenendes entspricht; Breite nach Belieben plus Nahtzugaben (der Rüschenbesatz auf dem Foto ist 10 cm breit). Bei diesem Teil können Sie auch anstückeln, um Stoff zu sparen.

4 So einfache Stücke können direkt mit Schneiderkreide auf die linke Stoffseite gezeichnet und dann zugeschnitten werden.

Fertigstellen

1 Den Rüschenbesatz zu einem Ring zusammennähen und ein langes Ende doppelt versäubern (siehe Seite 71). Den Rüschenbesatz der Länge nach auf die Hälfte falten und noch einmal halbieren. An der nicht versäuberten Kante an jeder dieser Faltkanten mit der Hand einen großen Stich machen. Diese Stiche dienen zur Orientierung, wenn Sie die Rüschen auf den Bezug nähen.

2 An der Naht beginnend, an der nicht versäuberten Kante drei Kräuselfäden einziehen (siehe Seite 70). Rüschenstreifen kräuseln, bis seine Länge der des offenen Endes des Bezugs entspricht.

3 Die zwei Rechtecke für den Bezug rechts auf rechts aufeinanderlegen, dann die Seiten und ein Ende feststecken und zusammennähen. Das offene Ende auf die Hälfte zusammenfalten (Nähte übereinander) und beide Faltkanten mit Handstichen markieren, die denen auf den Rüschen entsprechen.

4 Den Rüschenbesatz rechts auf rechts auf das offene Ende der Kissenhülle legen. Dabei müssen die Naht auf dem Rüschenbesatz mit einer der Nähte auf der Hülle und die entsprechenden Markierungsstiche miteinander oder mit der zweiten Naht übereinstimmen. Bei untenliegendem Rüschenbesatz ringsum feststecken, dabei die Fältchen zurechtziehen. Zusammennähen und Kanten mit Zickzackstich versäubern. Den dritten Kräuselfaden entfernen. Die Naht so bügeln, daß sie im Inneren der Kissenhülle liegt.

Gardine mit Rüschen

Diese Musselingardine mit Rüschen stellt eine willkommene Abwechslung zu den allgegenwärtigen Nylonstores dar. Lassen Sie sie sanft im Winde wehen, oder binden Sie sie wie auf dem Foto mit einem Raffhalter zurück. Hübsch aussehen wird sie in jedem Fall.

Die Gardine ist aus gewöhnlichem Baumwollmusselin gefertigt. Sollte der nicht erhältlich sein, bieten sich auch Baumwollvoile oder Organza an. Sie wirken ganz ähnlich, sind aber vielleicht für ein Landhäuschen zu edel, während sie sich in eleganteren und modernen Interieurs ganz hervorragend ausnehmen.

Material

Baumwollmusselin (siehe Zuschneiden, unten)
Schmales Gardinenband
Passendes Nähgarn
Gardinenhaken

Zuschneiden

1 Die Maße des Hauptteils: Die Fensterbreite zuzüglich Faltenwurf plus 5 cm auf jeder Seite zum Versäubern. Länge: Länge des Fensters plus 5 cm für den Saum und 30 cm für den Rüschenbehang.

2 Beim Schneiden von Musselin ist es wichtig, daß man sich nach dem Fadenlauf richtet, da der Stoff sonst nicht ordentlich fällt. Ziehen Sie dazu entweder dicht an einem Ende einen Faden über die ganze Breite heraus oder durchschneiden Sie die ganze Breite unweit eines Endes mit einer sehr scharfen Schere, wobei Sie einem Faden folgen. Von dieser geraden Kante aus messen und zuschneiden.

Fertigstellen

1 Die Seiten der Gardine versäubern und entlang dem Fadenlauf um 5 cm auf die linke Seite bügeln. Bügeln, feststecken und nähen.

2 Oben wird 1 cm auf die linke Seite gebügelt. Dann 15 cm auf die linke Seite bügeln; sehr darauf achten, daß die Bügelfalte genau dem Fadenlauf folgt. Die versäuberte Kante sollte auch in dieser Verlaufsrichtung liegen. Feststecken und nahe der Kante festnähen.

3 Das Gardinenband auf die vernähte Kante des Rüschenbehangs (auf dessen linke Seite) legen und entlang beider Seiten feststecken, dabei die Enden an der inneren Kante der Vorhangseiten einschlagen. Beide Seiten nahe der Kante des Bandes nähen. Die Kräuselfäden des Bandes anziehen, bis die Gardine zur Fenstergröße paßt und verknoten.

4 Am unteren Ende einen doppelten Saum einschlagen, bügeln, und nahe der inneren Faltkante annähen.

5 Gardinenhaken in gleichmäßigen Abständen in das Band einsetzen.

Schicker Beutel

Kaum jemand, der mit einem solch reizenden kleinen Beutel nichts anzufangen wüßte! Wenn Sie einen verschenken, werden Sie wahrscheinlich mit Bitten überhäuft werden, ob Sie nicht noch so ein Exemplar … Der Beutel auf dem Foto wurde aus zwei Lagen Seidentaft gefertigt, was ihm ein prunkvolles Aussehen verleiht. Dabei ist er sehr günstig herzustellen, weil er nur sehr wenig Stoff braucht.

Der Beutel kann dabei aus fast jedem Stoff genäht werden. Wenn der Oberstoff aus Wolle oder schwererem Material ist, empfiehlt es sich allerdings, für die untere Lage ein traditionelles Futter herzunehmen, damit das Ganze nicht zu schwer wirkt.

Abb. 1

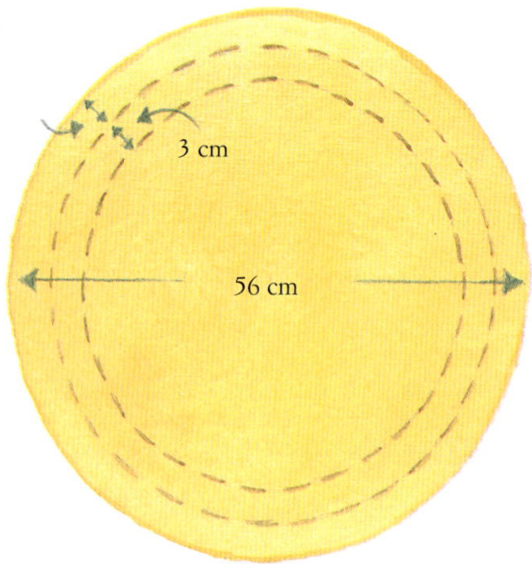

Material

Oberstoff und Futter (siehe Zuschneiden, unten)
Kontrastierender Stoff für Rosette und den überzogenen Knopf (siehe Zuschneiden, unten)
Knopf zum Überziehen
Dekorative Kordel, 70 cm lang
Passendes Nähgarn

Zuschneiden

1 Sie benötigen ausreichend Stoff, um zwei Kreise von je 56 cm Durchmesser auszuschneiden, einen für den Oberstoff und einen für das Futter, und ausreichend kontrastierenden Stoff, um einen Kreis von 20 cm Durchmesser für die Rosette auszuschneiden, dazu einen Stoffrest, mit dem der Knopf überzogen wird.
2 Die drei Kreise ausschneiden, dazu einen sehr kleinen Kreis von passender Größe für den Knopfüberzug.

Fertigstellen

1 Die zwei Kreise für den Beutel rechts auf rechts aufeinanderlegen und zusammenstecken. Mit einer kleinen Nahtzugabe ringsum zusammennähen, dabei aber eine Lücke lassen, durch die der Beutel auf rechts gewendet wird.
2 Den Beutel auf rechts wenden und die Öffnung sauber mit Hohlstichen verschließen. Die Naht bügeln, und dabei aufpassen, daß sie nicht verrutscht.
3 Auf dem Futter zwei Kreise anzeichnen: einen in 4 cm Abstand, den anderen in 7 cm Abstand zur Kreislinie. Um diese Linien nähen und so die Kordelführung herstellen (Abb. 1).
4 Nur auf der rechten Seite Stoff zwischen den beiden Stichreihen einschneiden und mit Knopflochstichen versäubern (siehe Seite 50).
5 Kordel mit einer Sicherheitsnadel durch den Einschnitt in die Führung einfädeln und zusammenziehen.
6 Die Rosette anfertigen (siehe Seite 71). Zwei Reihen winziger Kräuselstiche rings um den Rand des 20 cm großen Kreises arbeiten. Straff fälteln und Mitte formen und fest verknoten. Den Knopf überziehen (siehe Seite 52), in der Mitte festnähen, und dadurch die Stiche verbergen. Die gekräuselte Kante formen, so daß sie einen welligen Rand bildet. Auf den Beutel nähen.

Vorhänge mit Biesen

Mit Biesen gibt man Stoffflächen Struktur – und das ist alles, was diese Vorhänge an den Türen eines schönen Vitrinenschranks zur Verschönerung brauchen. Leichte und dicht gewebte Stoffe eignen sich für Biesen am besten und sind überdies staubdicht. Mit glatten und glänzenden Stoffen ist diese Technik oft nur schwer zu handhaben.

Material

Leichter, eng gewebter Stoff (siehe Zuschneiden, unten)
Passendes Nähgarn

Zuschneiden

1 Nähen Sie einige Biesen auf ein abgemessenes Stück des zu verwendenden Stoffes, messen Sie es erneut und rechnen Sie anhand dieser Zahlen aus, wie viele Biesen anzubringen sind und wieviel zusätzlichen Stoff Sie dafür benötigen.
2 Bestimmen Sie die Größe der fertigen Vorhänge; sie sollten in jedem Fall lang genug sein, um Ober- und Unterkante hinter den Türrahmen verschwinden zu lassen. Rechnen Sie die für die Biesen zusätzlich benötigte Stoffmenge zur Breite hinzu, ebenso einen Umschlag auf beiden Seiten. Dann ausschneiden.

3 Vier Stoffstreifen ausschneiden, die alle die Breite der fertigen Vorhänge zuzüglich der Nahtzugaben haben und die ca. 10 cm hoch sind (hängt von der Größe des Vorhangs ab). Sie dienen als Einfassung für oben und unten.

Fertigstellen

1 Eine Reihe von Biesen längs über den gesamten Vorhang arbeiten, oder nach eigenem Entwurf vorgehen (siehe Seite 72).
2 Die Seiten versäubern, indem Sie die Kanten zweifach auf links umschlagen. Feststecken, annähen und bügeln.
3 Die Bänder für die Einfassung der Länge nach auf die Hälfte falten. Die Nahtzugaben an den Seiten und Enden auf die linke Seite bügeln. Einfassung eng um Ober- und Unterkante jedes Vorhangs schlagen, dann auf den Kanten feststecken und mit einer sichtbaren Naht aufnähen. Wenn die Vorhänge an einer dünnen Gardinenstange befestigt werden, nähen Sie an jedem oberen Ende eine zweite Reihe, um eine Führung für die Stange zu erhalten.

Chevrons und Bögen

Die wimpelartigen Chevrons bestehen aus Dreiecken, die aus gestreiftem und in V-Form geschnittenem Stoff hergestellt werden. Wenn Sie einen exotischen Look anstreben, setzen Sie Reihen von Winkeln auf die Kanten von Bettüberwürfen, Vorhängen oder Tischtüchern oder schmücken den Gartenpavillon (siehe Seite 42) damit.

Bogenränder ergeben sich durch die Aneinanderreihung von ausgeschnittenen Bögen; auch sie dienen reinen Dekorationszwecken. Sie können winzig ausfallen und von Hand genäht sein, um aparte Kantenabschlüsse für Bettwäsche abzugeben, oder sie sind groß und mit zusätzlichem Besatz versehen, um Kissen oder andere Gegenstände zu verzieren.

Chevrons anfertigen

1 Ein rechtwinkliges Dreieck aus Papier ausschneiden, auf gestreiften Stoff legen und Umriß darauf anzeichnen (zwei Schnittmuster finden Sie auf Seite 108). Das Schnittmuster umwenden, in der gleichen Position wie vorher auf die Streifen legen und erneut anzeichnen (Abb. 1). Beide Dreiecke ausschneiden.
2 Dreiecke rechts auf rechts aufeinanderlegen, die langen, schräg zum Fadenlauf geschnittenen Kanten zusammenstecken und -nähen. Nahthälften aufklappen und bügeln (Abb. 3). Streifen müssen übereinstimmen.
3 Mehrere Chevrons anfertigen, die aus der gleichen Position auf den Streifen ausgeschnitten wurden, damit alle gleich sind, wenn sie zusammengenäht werden. Die Kanten versäubern (siehe gegenüberliegende Seite). Die Chevrons können dann nacheinander auf ein Band oder einen Stoffstreifen genäht werden (Abb. 4). Wegen des Streifenmusters müssen Chevrons separat ausgeschnitten werden, aber nicht gestreifte Dreiecke können gleich als Reihe ausgeschnitten werden.

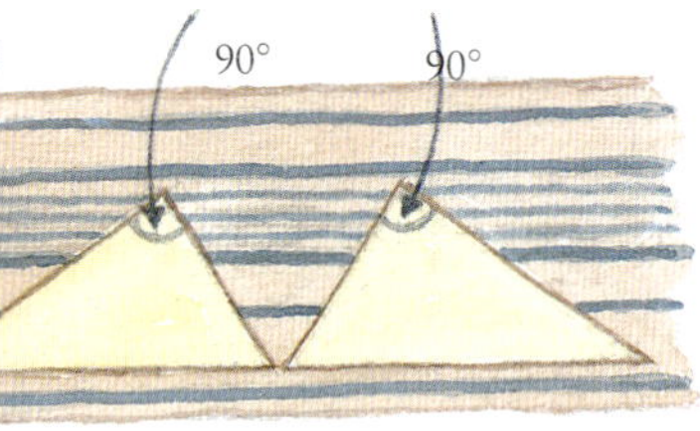

Abb. 1

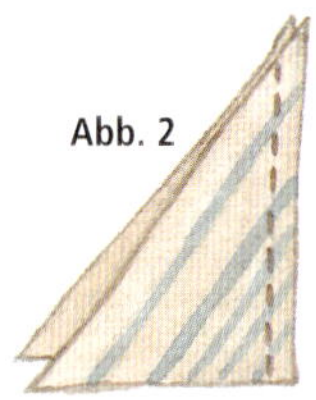
Abb. 2

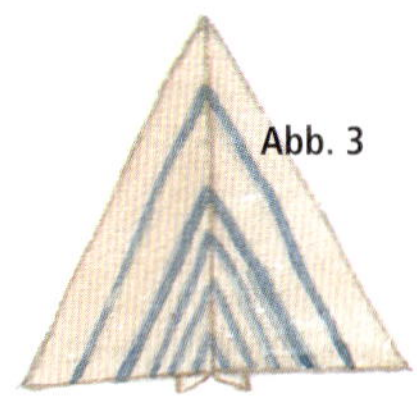
Abb. 3

Um die Oberkante der Chevrons geschlagenes und mit sichtbarer Naht befestigtes Band

Abb. 4

Naht quer zum Fadenlauf

Bogenrand anfertigen

- Bogenränder werden gewöhnlich am Stück ausgeschnitten (Abb. 5). Auf Seite 106/107 finden Sie Schnittmuster.
- Für größere Bogengirlanden falten Sie ein Stück Papier nach Art einer Ziehharmonika zusammen, zeichnen oben eine Bogenform auf und schneiden diese aus. Mit Stoff wiederholen.

Verarbeitungsarten

Als Besatz

1 Das zu besetzende Stück Stoff als Schnittmuster verwenden und einen Besatz aus gleichartigem oder kontrastierendem Stoff ausschneiden. Um jeden Bogen oder jede Zacke ca. 3 mm wegschneiden, damit der Besatz leichter auf die linke Seite rutscht.

2 Die zwei Stücke rechts auf rechts übereinander legen. Kanten zusammenstecken, um die Bögen oder Spitzen zusammennähen. Die Nahtzugabe mit sehr scharfer Schere zu- und einschneiden.

3 Auf rechts wenden und bügeln.

Andere Verarbeitungsweisen

Wenn die linke Stoffseite unsichtbar bleibt, schließen Sie auf folgende zwei Arten ab:

- mit Borten, Fransen, Bändern oder Paspeln (siehe Seite 80–83).
- Kanten auf die linke Seite umschlagen, bügeln, dann mit sichtbarer Naht oder mit Saum annähen.

Verwendung von Winkeln und Bogenrändern:

- Einzelne Chevrons und Bögen können in Nähte oder Kanten eingesetzt werden oder auf Bänder, Streifen etc. aufgenäht werden, um Accessoires wie Raffhalter oder Querbehänge herzustellen.
- Chevrons sehen oft am besten aus, wenn sie sich geringfügig überschneiden und in der Mitte mit einem kleinen Abnäher versehen sind.
- Einzelne Bögen wirken gewöhnlich am besten, wenn sie unmittelbar aneinander anschließen.
- Bringen Sie an der Oberkante eines Querbehangs aus Chevrons oder Bögen Schlaufen an, die auf eine Vorhangstange gezogen werden.
- Kleine Bögen werden traditionsgemäß mit Knopflochstich abgeschlossen. Schneiden Sie nach einem der Schnittmuster auf Seite 106/107 entlang der Kante eines Stoffstreifens eine Reihe aus, die nicht leicht ausfranst. Die Kante mit Knopflochstich einfassen.
- Eine schnellere Methode, die aber genauso hübsch aussieht, besteht darin, die Kante mit engem Zickzackstich anstelle einer von Hand genähten Naht abzuschließen.

Randstreifen

Randstreifen sind gefaltete Streifen, die als Abschluß um abgeschnittene Stoffkanten geschlagen werden. In Kurzwarenläden gibt es speziell zu diesem Zweck hergestellte Streifen, man kann sie aber auch selbst in Form von ausgeschnittenen und gefalteten Stoffstreifen herstellen. Um deren dekoratives Potential voll auszunutzen, verwendet man für die Randstreifen gewöhnlich Stoffe mit einer kontrastierenden Farbe und/oder Oberflächenstruktur.

Fertig gekaufte Randstreifen

Es gibt zwei Arten von fertigen Randstreifen. Beide sind in diversen Stärken erhältlich; Sie sollten deshalb einen Streifen wählen, der zum Gewicht Ihres Grundstoffes paßt. Baumwollschrägband, das es auf Karton gewickelt zu kaufen gibt, ist nur für das Einfassen von Nähten und Säumen gedacht, es bleicht und franst schnell aus.

- Schräg gewebte Streifen sind flexibel, lassen sich also sowohl für gerade als auch geschwungene Kanten verwenden.
- Gerade gewebte Streifen sind nicht flexibel, können also nicht um Bögen gelegt werden; für Ecken brauchbar.

Stoffstreifen

Diese können entweder nach dem Fadenlauf oder schräg geschnitten und aus verschiedenen Stoffstärken und -arten gemacht sein. Die Breite berechnet sich so: die doppelte Breite des fertigen Streifens zuzüglich der Breite zweier Nahtzugaben.

Stoffstreifen anfertigen

1 Die Streifen direkt auf den Stoff aufzeichnen, entweder diagonal (siehe Seite 21) oder parallel zum Fadenlauf. Zuschneiden.

2 Auf dem Bügelbrett arbeiten und die Streifen mit der rechten Seite nach außen auf die Hälfte zusammenfalten und bügeln. Beide Nahtzugaben auf die linke Seite umschlagen und bügeln. Achten Sie darauf, daß Sie die Schrägstreifen nicht dehnen.

Randstreifen anbringen

Zu beachten: Die einzufassende Kante braucht keine Nahtzugabe.

Abb. 1

Abb. 2

Abb. 3

Stoffstreifen, beide Arten

1 Streifen aufklappen und die rechte Seite einer Kante auf die linke Seite des einzufassenden Stoffstücks legen, damit sich der Streifen eng um die abgeschnittene Kante legt. Feststecken (Abb. 1).

2 Entlang der Falte nähen, die die Nahtzugabe markiert (Abb. 2).

3 Den Streifen so bügeln, daß er über der Kante liegt und zurück durch die mittlere Falte auf die rechte Stoffseite umbügeln (Abb. 3).

4 Die freie Kante des Streifens entlang der Nahtlinie auf der rechten Seite feststecken (Abb. 4). Dicht an der Kante des Streifens mit der Maschine feststeppen.

Fertige Randstreifen, beide Arten:

- Den Randstreifen über abgeschnittene Kante schlagen, von rechts durch beide Kanten des Streifens hindurch feststecken und nähen. Dies ist die schnellste Methode, die bei einigen Streifen funktioniert, aber bei anderen lassen die Stiche die untere Kante aus. Daher eine zweite Methode:
- Den Randstreifen aufklappen und eine Hälfte mit der rechten Seite nach oben über die linke Seite der abgeschnittenen Kante schlagen, dann feststecken und -nähen. Den Streifen so falten, daß die zweite Seite auf der rechten Seite des Stoffes liegt, dann nahe der Kante des Streifens feststecken und zusammennähen.

Abb. 4

Randverzierungen

Es gibt eine riesige Auswahl von Einfassungen, Borten und Fransen, mit denen man die Kanten von abnehmbaren Bezügen, Kissen, Vorhängen und Tischtüchern verzieren kann. Eigentlich lassen sie sich für fast alle Ihrer Näharbeiten verwenden.

Eine schöne Einfassung bildet den krönenden Abschluß einer ansonsten vielleicht ganz schlichten Arbeit. Sie sollte vom Gewicht her zum Grundstoff passen und kann entweder in einer gleichartigen oder in einer kontrastierenden Farbe und Oberflächenstruktur gehalten sein. Wichtig ist, daß man vorher ausprobiert, ob die Borte oder Einfassung flexibel genug ist, um als Besatz für geschwungene Kanten oder Ecken zu dienen.

Kantenbesatz

Kantenbesatz hat grundsätzlich eine dekorative und eine schmucklose Seite. Mit letzterer wird der Besatz auf den Grundstoff genäht; sie soll unsichtbar sein und sollte in einer Naht oder unter einer Kante verschwinden.

- Besatz mit Lochstickerei kann auf die gleiche Weise genäht werden wie der Stoff, der den Rest der Arbeit bildet, und in Kanten oder Nähte eingesetzt werden, sei es in glatter, gefältelter oder gerüschter Form.
- Rüschen-, Fransen- oder gefältelte Einfassungen sind normalerweise mit einem Band oder Streifen auf der Rückseite versehen, mit dem sie eingesetzt werden. Band oder Streifen können in eine Naht eingesetzt oder unter eine Kante geschlagen und mit einer sichtbaren Naht befestigt werden.

Borten

Borten sind doppelseitig und werden normalerweise dicht an der abzuschließenden Kante angebracht. Sie müssen an beiden Rändern festgenäht werden.

- Einige Borten werden zerdrückt, wenn man mit der Maschine darübergeht. Man näht sie deshalb besser mit der Hand an. Bei anderen ist das gar kein Problem, da die Maschinenstiche in der Oberfläche der Borte verschwinden und so gut wie unsichtbar sind.
- Bei einigen Borten tragen mit der Maschine gearbeitete Stiche zu sehr auf; hier näht man besser mit der Hand. Wenn es aber darum geht, kilometerlanges Mit-der-Hand-Nähen zu vermeiden, sollten Sie es erst mit einigen Probestücken versuchen.

Fransen

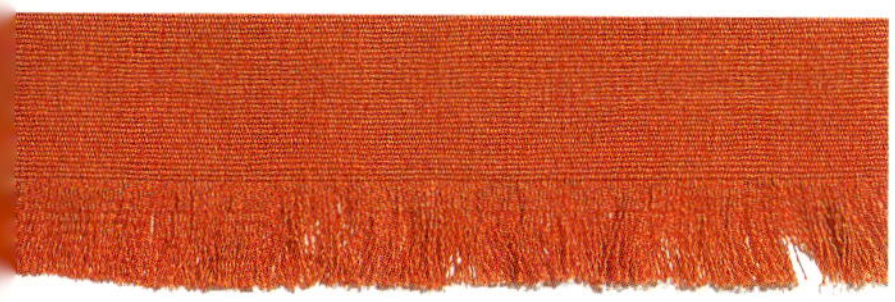

Es gibt zwar jede Menge fertiger Fransenbesätze zu kaufen, aber Selbermachen ist viel anregender und lustiger.

Fransen anfertigen

Einfacher geht es nun wirklich nicht: Ziehen Sie einfach Gewebefäden aus einer geradegeschnittenen Stoffkante und – Simsalabim – da sind die Fransen! Manchmal leistet eine Nadel gute Dienste, wenn die Fäden sich nur schlecht herausziehen lassen; gewöhnlich tut man sich leichter, wenn man nur immer einen oder zwei Fäden auf einmal entfernt.

- Schneiden Sie Stoffstreifen zurecht, machen Sie Fransen und setzen Sie sie in Nähte ein.
- Eine festere Fransenkante erhält man, wenn man einen Streifen entlang der Webkante ausschneidet, die geschnittene Seite ausfranst und die Webkante in die Naht einsetzt.
- Verwenden Sie Zickzackstiche, um ein weiteres (ungewolltes) Ausfransen des Stoffes zu verhindern.
- Einige Stoffe fransen liebend gern aus und ergeben ohne viel Aufwand üppige Fransen; durchsuchen Sie einmal ihren Restekorb nach solchen Stoffen.
- Seidenartige Stoffe ergeben die eindrucksvollsten Fransen, weil sie meist von sehr leuchtender Farbe sind, aber einige Bauwollstoffe eignen sich genauso gut, zumal wenn eher zarte Fransen gewünscht sind.

Paspeln

Das Paspelieren war ursprünglich wohl eine Methode zum Verstärken von Nähten, was noch an Sätteln und Koffern zu erkennen ist. Heutzutage verwendet man Paspeln nur noch zur Dekoration, aber viele Alltagsgegenstände kann man sich ohne diese Verzierung kaum vorstellen. So sehen abnehmbare Bezüge ohne Paspeln ziemlich kahl aus, und nicht paspelierte Kissenhüllen wirken etwas ärmlich. Glücklicherweise haben wir hier eine der am leichtesten erlernbaren und schnellsten Techniken vor uns – paspeln Sie also einfach drauflos!

Paspeln auswählen

Paspeln bestehen entweder aus einer Kordel oder Schnur, die mit Schrägstreifen überzogen wird oder sie werden als fertige dekorative Kordel mit integriertem Band hergestellt, mit dem die Paspel eingesetzt wird. Beide Arten sind im Kurzwarengeschäft erhältlich, aber man stolpert nur selten über eine gute Farbauswahl an Paspeln. Und da sie zudem oft sehr teuer sind, macht man sie am besten selbst. Wenn die fertige Arbeit gewaschen werden soll, prüfen Sie vorher, ob die Kordel vorgewaschen wurde. Es ist auch ratsam, den Grundstoff und den Paspelstoff vorher zu waschen.

Paspelkordel

- Die Kordeln gibt es in verschiedenen Stärken als Meterware.
- Suchen Sie die Kordel vor dem Bezugsstoff aus und schlagen Sie ein Stoffeck um die Kordel, um zu sehen, wie die fertige Paspel aussieht.

Gekaufte Paspeln

- Bei der Auswahl von Paspeln sollten Sie nachprüfen, ob die Kante des Bandes flexibel genug ist, um gegebenenfalls um Bögen gelegt zu werden, denn einige Paspeln erweisen sich als recht steif.

Stoff für Paspeln

- Selbstgemachte Paspeln haben den Vorteil, daß sie aus vielen Stoffarten und -farben hergestellt werden können.
- Man kann auch kontrastierende Oberflächenstrukturen ins Spiel bringen: zum Beispiel mit Satin auf Samt oder Wolle oder mit glänzenden Baumwollstoffen auf matter Baumwolle.
- Eine weitere dekorative Möglichkeit besteht darin, daß man die Kordel mit gemusterten Stoffen überzieht. Da es sich dabei um schräggeschnittenene Streifen handelt, sehen Streifenmuster besonders gut aus.
- Dicht gewebte Stoffe ergeben die besten Paspeln. Der Stoff sollte vom Gewicht her in einem vernünftigen Verhältnis zum restlichen Stoff stehen und nicht übermäßig steif oder weich sein.
- Vermeiden Sie Stoff, bei dem Ketten- und Schußfäden deutlich verschieden sind, da er sich beim Schrägschneiden vielleicht verdreht.

Paspeln anfertigen

Schrägstreifen vorbereiten

1 Eine Stoffecke diagonal zum Fadenlauf um die Kordel schlagen, den Stoff nahe an der Kordel feststecken, auf beiden Seiten eine Nahtzugabe einräumen. Abmessen, genügend Schrägstreifen für Paspeln anzeichnen (siehe Seite 21).

2 Die Kordel in Stücke von der benötigten Länge schneiden. Kleine Stücke Klebeband um die Ecken wickeln, damit sich die Kordeln nicht aufdröseln.

3 Die Stroffstreifen (siehe Seite 21) zu Längen verbinden, die den jeweiligen Kordellängen entsprechen.

Paspeln fertigstellen

Beim Paspelieren sollte immer ein Reißverschlußfuß oder. einseitiger Nähfuß verwendet werden, wenn man mit der Maschine näht.

Da die fertige Naht aus drei Stichreihen bestehen wird, nehmen Sie für die ersten beiden Reihen größere Stiche, damit die Naht nicht versteift.

1 Eine Länge zusammengenähter Schrägstreifen um die Kordel herum auf die Hälfte zusammenfalten (rechte Stoffseite nach außen). Anfang mit einer Stecknadel befestigen (Abb. 1).

Abb. 1

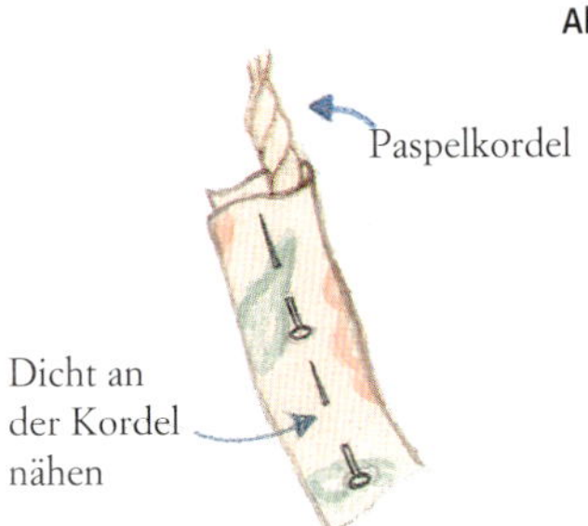

2 Dicht an der Kordel nähen. Nach dem Anfang keine Stecknadeln mehr verwenden: es geht leichter, wenn man ein kurzes Stück Stoff um die Kordel schlägt, es zusammennäht, wieder ein Stück Stoff um die Kordel schlägt, näht, usw. Stoff eng um die Kordel legen, aber nicht dehnen.

- Vermeiden Sie es, die obere Stofflage über die untere Lage zu ziehen, da sich der Schrägstreifen sonst auf unschöne Weise verzieht.
- Möglichst nicht auf Kordel nähen – Stoffüberzug sollte sich auf der Kordel verschieben lassen und die Stichlinie sollte auf der Naht nicht zu sehen sein.

Paspel in die Naht einsetzen

Die Methode ist für fertig gekaufte wie für selbstgemachte Paspeln genau die gleiche. Es geht normalerweise schneller, wenn man eine Naht mit Paspelierung nur steckt und nicht heftet. Wenn Sie das nervös macht, heften Sie ruhig.

1 Die fertige Paspel auf die rechte Stoffseite eines der zu nähenden Stücke legen, wobei die Schnittkanten an der Schnittkante der Naht anliegen, dann am Ende feststecken (Abb. 2). Dicht an der Kante der Naht nähen und darauf achten, daß alles glatt aufliegt, und den Stoff nötigenfalls spannen (siehe Seite 27).

2 Die zweite Hälfte der Naht rechts auf rechts auf die erste und über die Paspel legen. Feststecken und dicht an der Kordel nähen.

3 Nahtzugabe auf eine Seite bügeln; die Paspel liegt automatisch auf der anderen. Nicht über die Paspel bügeln.

Abb. 2

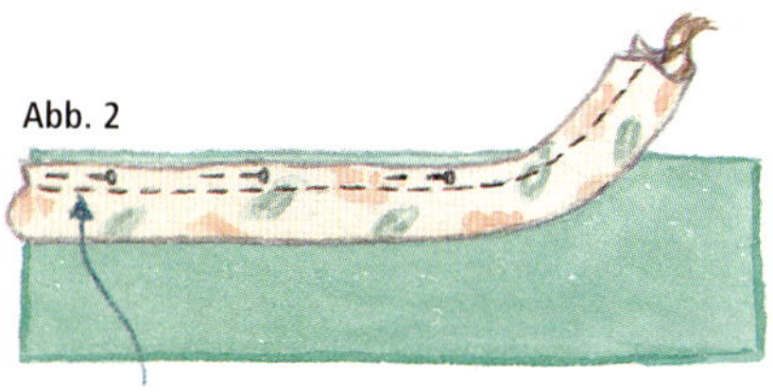

Erste Stichreihe

Kurven und Ecken

1 Die Paspel auf der Seite feststecken, auf der sie am Ende liegen wird und dicht an der Paspel nähen. Die zweite Hälfte der Naht daraufnähen.

2 Die Nahtzugaben auf eine Seite bügeln, einschneiden, damit sie flach aufliegen; wenn sie immer noch zu füllig sind, zu kleinen dreieckigen Fältchen bügeln (Abb. 3 und 4).

- Wenn enge Kurven paspeliert werden, muß man die Nahtzugabe bzw. das Band der Paspel einschneiden, um sie flach aufliegen zu lassen, bevor man die zweite Seite der Naht darauf feststeckt.
- Sitzt Paspel an der Außenseite, muß man die Ecke schon beim Feststecken einschneiden (Abb. 5). Bis zur Ecke feststecken, das Band oder die Nahtzugabe bis zur Stichlinie an der Ecke einschneiden, die Paspel um die Ecke legen und weiter feststecken. An der Innenseite einer Ecke kann man sich mit Einschlagen behelfen (Abb. 5).

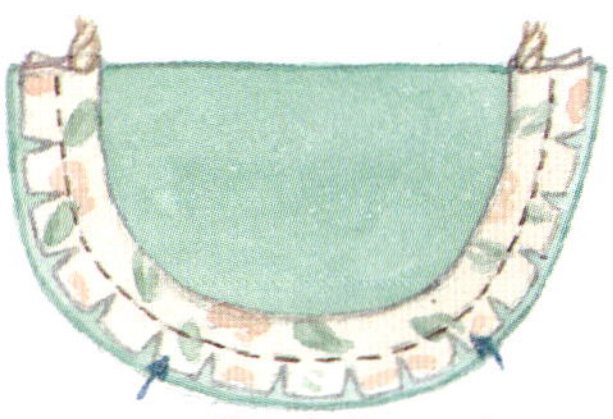

Abb. 3 Einschnitte an der Außenseite der Kurve werden auseinandergezogen

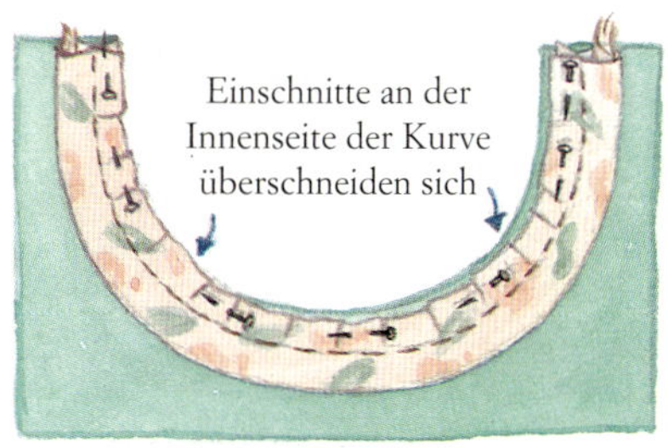

Abb. 4

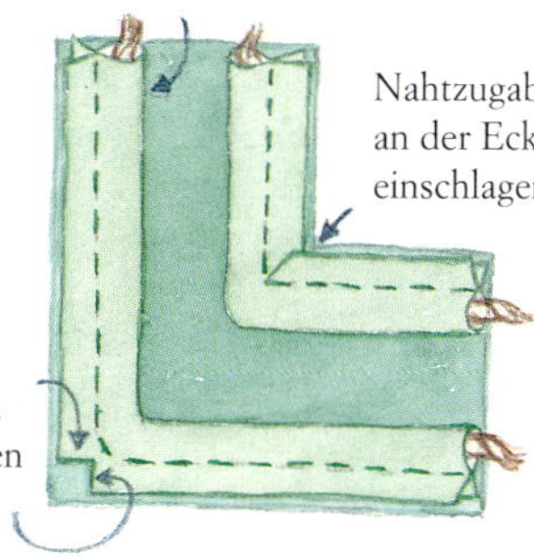

Abb. 5

Paspel in eine Kante einsetzen

1 Die Paspel bis zum Bügeln wie vorhin einsetzen.

2 Den Besatz zurückschlagen oder auf die gewohnte Weise auf rechts wenden. Bügeln und, falls nötig, mit dem Reißverschlußfuß mit Kantenstich umnähen.

3 Die Nahtzugabe einschneiden und von links bügeln. Möglichst nicht über die Paspel bügeln, da diese sonst zusammengedrückt wird.

Kissen mit Paspeln und Rüschen

Man muß nur ein paar neue Kissen nähen, und schon lebt ein müdes Farbschema wieder auf, und sogar das alte Sofa erlebt den zweiten Frühling. Wählen Sie drei oder vier komplementäre Stoffe, und verwenden Sie die Reste des einen, um damit einen anderen mit Paspeln, Rüschen oder einer Kombination von beiden zu besetzen. Rüschenbesatz auf einer Kissenhülle ist ganz einfach zu herzustellen: Sie müssen nur die freien Enden des Rüschenbesatzes am Kissenbezug feststecken, damit sie nicht von der Naht erfaßt werden.

Abb. 1

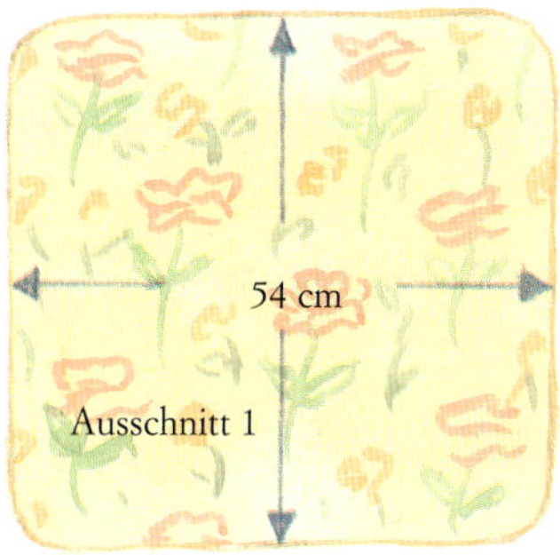

Abb. 2

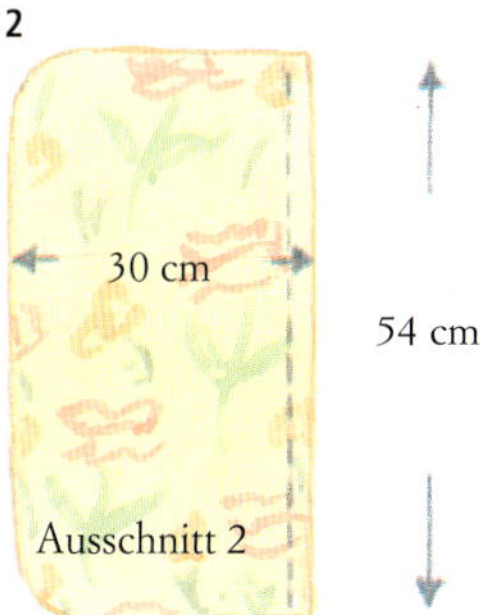

Material

Stoff (siehe Zuschneiden, unten)
Dünne Wattierung, 54 x 54 cm
2 m Paspelkordel
Passendes Nähgarn
40 cm langer Reißverschluß
50 cm x 50 cm große Kissenfüllung

Zuschneiden

1 Ein 54 cm großes Stoffquadrat für die Kissenoberseite ausschneiden. Die Ecken abrunden (Abb. 1).

2 Zwei Stoffstücke von je 30 cm x 54 cm für die Rückseite ausschneiden. Auf jedem Stück zwei Ecken abrunden (Abb. 2).

3 Über die Stoffbreite ausreichend viele 11 cm breite Streifen ausschneiden, die zusammengenäht ein Rüschenband von 4 m Länge ergeben. Ausreichende Anzahl von Schrägstreifen für die Paspeln zuschneiden (siehe Seite 82/83).

Fertigstellen

1 Die Rüschenteile zu einem Ring zusammennähen. Entlang einer Kante 5 mm auf die linke Seite umschlagen und entlang der Faltkante nähen. Die Schnittkante zuschneiden, erneut 5 mm umschlagen und die erste Stichreihe übernähen. An der anderen Kante drei Kräuselfäden einnähen (siehe Seite 70). Das Rüschenband der Breite nach auf die Hälfte falten, erneut auf die Hälfte falten und jede Faltkante mit einem großen Handstich markieren. Das Rüschenband auseinanderfalten und raffen, bis es auf das Kissen paßt, dann Kräuselfäden mit einer Stecknadel fixieren.

2 Die Paspelkordel zu einem Ring zusammenfügen, indem jedes Ende etwas aufgedröselt wird und dann die losen Stränge sauber miteinander verdreht werden. Dann mit einem Faden umwickeln und mit einigen Stichen fixieren. Die Kordel geringfügig kürzer machen als die Kanten des Kissens, da sie sich leicht ausdehnt, wenn sie angenäht wird.

3 Die Schrägstreifen zu einem Ring zusammennähen, der etwas kürzer ist als die Kordel. Schrägstreifen um die Kordel legen, dabei leicht dehnen und zusammennähen (siehe Seite 82/83).

4 Die zwei Rückenteile rechts auf rechts aufeinander legen. Den Reißverschluß in die Mitte der Mittelnaht legen und die Öffnung in der Naht mit Stecknadeln markieren. Mit einer Nahtzugabe von 3 cm von der Stecknadel jeweils bis ans Ende nähen, beide Nahtenden mit Rückwärtsstichen verstärken und die Kanten versäubern. Die Nahthälften aufklappen und bügeln und den Reißverschluß einsetzen (siehe Seite 48).

5 Das Stoffquadrat für die Oberseite mit der rechten Seite nach oben auf die Wattierung legen, dann ringsum zusammenstecken und -nähen.

6 Die Paspel auf die rechte Seite des Quadrats legen (die Schnittkanten müssen bündig sein) und stecken, wobei die Kordel leicht gedehnt wird. Ringsum dicht an der Kante mit der Maschine zusammennähen. Dabei einen großen Stich und Reißverschlußfuß verwenden.

7 Das Rüschenband rechts auf rechts über die Paspel auf das Quadrat legen, dabei die Schnittkanten und jeweils einen der Markierungsstiche mit einer Ecke zur Deckung bringen. Feststecken und dabei die Rüschen ringsum gleichmäßig zurechtziehen – das dauert lange! An den Ecken besonders viel Fülle geben, damit die Rüschen nicht kärglich wirken. Wenn alles richtig sitzt, die Kräuselfäden verknoten. Ringsum dicht an der Kante zusammennähen (mit einem Reißverschlußfuß).

8 Das Rückenteil mit offenem Reißverschluß rechts auf rechts auf die Vorderseite über Rüsche und Paspel legen. Die Stofflagen zusammenstecken und mit einem Reißverschlußfuß ringsum dicht an der Paspel zusammennähen.

9 Bezug auf rechts wenden und den dritten Kräuselfaden entfernen. Naht und Rüsche bügeln. Die Kräuselfalten mit der Spitze des Bügeleisens bügeln, nicht mit dem Bügeleisen plattdrücken.

10 Die Kissenfüllung durch Öffnung ins Kissen geben, Reißverschluß zuziehen.

Überwurf

Dieser hübsche Überwurf kann in einem Boot Verwendung finden oder über ein Sofa oder ein Bett drapiert werden. Die obere Stofflage kann aus diversen Stoffen genäht werden – Baumwolle, Leinen, Seide oder Wolle –, je nachdem, wo der Überwurf zum Einsatz kommt. Auch Patchwork sähe sehr eindrucksvoll aus, wenn man es auf diese Weise einfassen würde. Wenn Sie die Stoffteile sauber und genau ausschneiden und die Briefecken ordentlich ausführen, ist Ihnen der Erfolg sicher. Eine Arbeit, die man an einem Abend ausführen kann.

Abb. 1

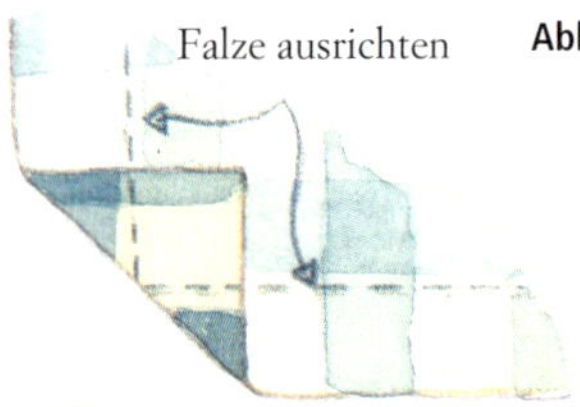

Abb. 2

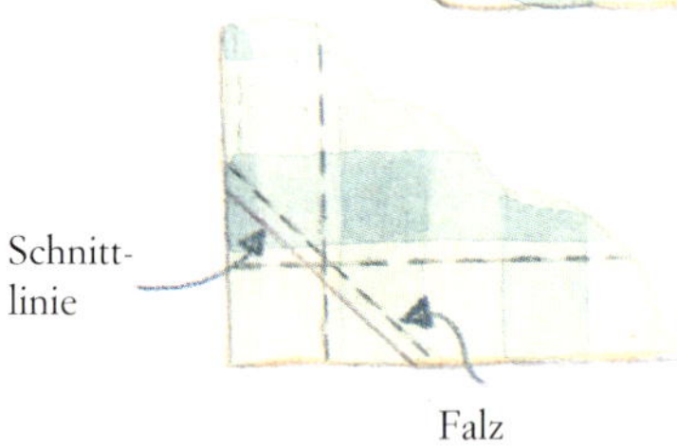

Abb. 3

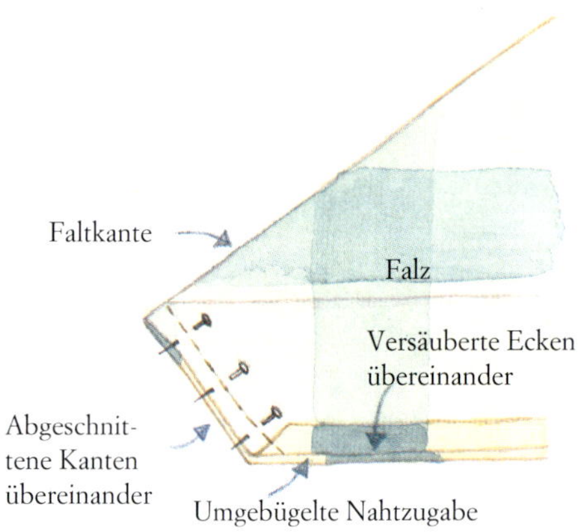

Abb. 4

Material

Ausreichend Stoff für:
Obere Stofflage, Einlage, Unterstoff (siehe Stoff und Zuschneiden, unten)
Passendes Nähgarn

Stoff

- Oberstoff aus leichtem Material. Für den Überwurf auf dem Foto wurde bedruckter Baumwollchintz verwendet.
- Die Einlage verleiht dem Überwurf Fülle. Eine Decke, weicher Wollstoff, Kunstfaserwattierung oder Frotteestoff sind alle gleichermaßen geeignet.
- Unterstoff aus festem, strapazierfähigem Stoff mit einem Dessin, das das des Oberstoffs ergänzt. Bei diesem Überwurf wurde karierter Moiré verwendet.

Zuschneiden

1 Stücke für Oberstoff und Einlage auf gewünschte Größe zuschneiden. Stoffstücke der Breite nach zusammenstückeln, wenn der Stoff nicht groß genug ist. Die ungesäumten Kanten müssen nicht versäubert werden.

2 Den Unterstoff ausschneiden: Er ist in jeder Richtung 24 cm größer als die beiden anderen Stücke; das läßt auf jeder Seite einen Saum von 12 cm zu. Auch hier mit einem Zeichendreieck für rechte Winkel sorgen.

3 Um auf dem Unterstoff schräggeschnittene Ecken zu bilden, die Säume auf jeder Seite auf die rechte Stoffseite umschlagen und mit Nachdruck bügeln. Wieder auseinanderfalten (Abb. 1). Eine Ecke einschlagen, dabei Falze wie in Abb. 2 gezeigt zur Deckung bringen und bügeln. Wieder auseinanderfalten und in 2 cm Abstand zum diagonalen Falz eine Linie ziehen (Abb. 3). An dieser Linie abschneiden. Alle vier Ecken auf diese Weise bearbeiten.

Fertigstellen

1 Den Unterstoff bügeln, bis er vollkommen glatt ist, dann ringsum genau 2 cm auf die linke Seite bügeln. Jede schräggeschnittene Ecke auf die Hälfte zusammenfalten (rechts auf rechts), so daß die versäuberten Kanten übereinander liegen, dann feststecken (Abb. 4). Mit einer Nahtzugabe von 2 cm vom Falz bis zur Außenkante nähen und jedes Nahtende mit Rückwärtsstichen verstärken. Briefecken aufklappen und bügeln, die Säume bügeln und den Unterstoff mit den Säumen nach oben glatt ausbreiten.

2 Den Oberstoff und die Einlage bügeln, so daß sie vollkommen glatt sind. Den Oberstoff mit der rechten Seite nach oben auf die Wattierung legen, ringsum feststecken und dicht an der Kante mit großen Stichen zusammennähen.

3 Diese zwei Stofflagen mit der rechten Seite nach oben auf den Unterstoff legen und die Seiten unter die Briefecken und Säume stecken. Glattstreichen und ringsum an der inneren Saumkante durch alle Lagen hindurch zusammenstecken (Abb. 5). Dicht an der Kante mit einer sichtbaren Naht zusammennähen; der Stich sollte nicht zu klein sein.

Abb. 5
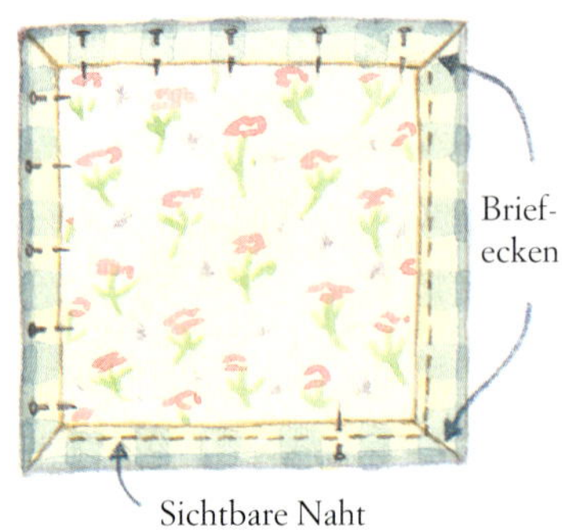

Vorhänge mit Besatz und Schleifen

Diese ungefütterten Vorhänge schaffen in jedem Raum eine leichte und luftige Atmosphäre. Sie werden mit einem kontrastierenden Besatz an Innenkante und Saum angefertigt und mit Schleifen an der Vorhangstange befestigt. Nehmen Sie dazu einen mittelschweren, ungebleichten Baumwollstoff und ein kariertes Band zum Einfassen, wie sie auf dem Foto zu sehen sind, oder wenn Ihnen eher nach Luxus ist, verwenden Sie Rohseide und dazu einen kontrastierenden Seidenbesatz – oder irgendeine andere Stoffkombination, die Ihnen zusagt.

Material

Grundstoff (siehe Zuschneiden, unten)
Kontrastierender Stoff für den Besatz (siehe Zuschneiden)
Passendes Nähgarn

Zuschneiden

1 Rechnen Sie aus, wie groß der fertige Vorhang sein soll, und rechnen Sie lediglich für Außen- und Oberkanten 5 cm Nahtzugabe dazu. Zuschneiden.
2 Überlegen Sie, wieviele Schleifen Sie benötigen. Zur Orientierung: ca. alle 25 cm sollte eine Schleife angebracht werden. Die Länge und Breite der Schleifen berechnen: Eine fertige Größe von 70 x 8 cm paßt zu einem großen Fenster. Die Breite verdoppeln und ringsum eine Nahtzugabe einräumen.
3 Der Besatz auf dem Foto ist in Richtung des Fadenlaufs ausgeschnitten (entweder alle Streifen quer zum Fadenlauf oder parallel zur Webkante schneiden) und 8 cm breit. Den Besatz auf die doppelte fertige Breite ausschneiden zuzüglich zweier Nahtzugaben. Den Stoff, wenn er nicht lang genug ist, anstückeln und ein wenig dazugeben, um das Schrägschneiden der Ecken zu ermöglichen. Der Stoff für den Besatz sollte nicht dicker sein als der für die Vorhänge selbst verwendete.

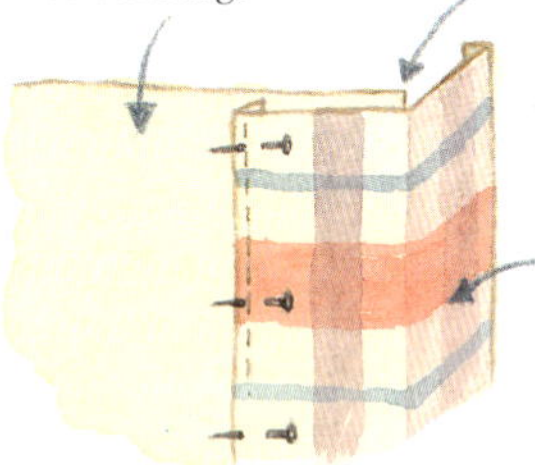

Abb. 1

Fertigstellen

1 Jedes Schleifenband zusammenfalten (rechts auf rechts), die Nahtzugaben auf die linke Seite bügeln. Dicht an der Kante und über die Enden eine sichtbare Naht arbeiten.
2 Den Besatz mit flachen Nähten zu zwei Stücken zusammennähen, von denen jedes lang genug für einen Vorhang ist. Die Nähte aufklappen und bügeln. Besatzstreifen der Länge nach in der Mitte falten, bügeln (rechte Seite nach außen), Nahtzugaben auf die linke Seite bügeln. Kanten nicht dehnen!
3 Oben beginnend, den Besatzstreifen um die Innenkante eines der Vorhänge schlagen, so daß die Faltkante mit der Schnittkante übereinstimmt. Eine Kante des Besatzes an der linken Seite des Vorhangs feststecken (Abb. 1). Am unteren Ende den Besatz sauber falten und bügeln, so daß er eine Briefecke bildet, die um die Vorhangecke paßt. Etwas überschüssigen Stoff darunter wegschneiden. Den Saum entlang der äußeren Kante des Vorhangs feststecken. Dicht an der Kante des Besatzes nähen.
4 Die zweite Seite des Besatzstreifens umfalten, so daß er auf der rechten Seite des Vorhangs liegt. Die Kanten feststecken, Briefecken bilden. An der Kante zusammennähen.
5 Äußere Vorhangskante umschlagen, Nahtzugabe auf die linke Seite bügeln. Von oben bis unten an der Kante feststecken und nähen.
6 Vorhangsoberkante versäubern, auf linke Seite bügeln. An der Kante feststecken und nähen.
7 Schleifenpaare über die Oberkante verteilen, Enden auf die Nahtlinie auf der linken Seite des Vorhangs feststecken. Enden in Kreuzform in einem Rechteck übernähen (Abb. 2).

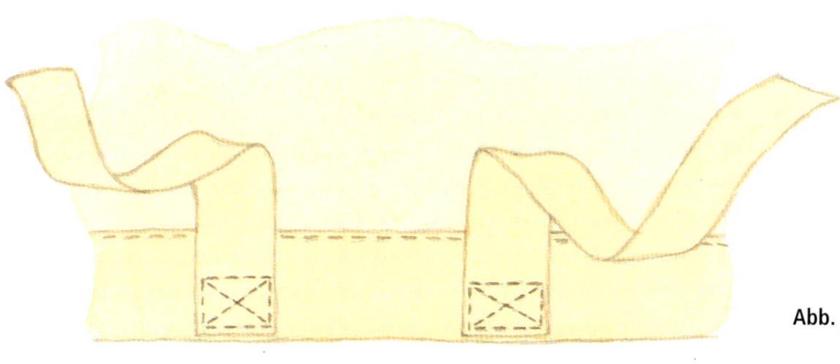
Abb. 2

Sitzkissen

Mit diesem Sitzkissen (Abb. S. 91 im Hintergrund; wer's einfacher liebt, läßt die Bogenränder weg und beschränkt sich auf Paspeln wie beim vorderen Stuhl) können Sie sich an Bogenrändern, Paspeln und sauber genähten Spitzen versuchen und damit einen schlichten Holzstuhl in ein hübsches und zugleich bequemes Möbel verwandeln.

Material

Möbel- oder Kleiderstoff, so strapazierfähig, daß man darauf sitzen kann (siehe Schnittmuster zeichnen, unten)

Vorhang- oder anderen Futterstoff in der gleichen Menge wie Oberstoff

Wattierung, 2 oder 3 Lagen für das Sitzpolster und eine dünne Lage für Stuhlschürze

Passendes Nähgarn

Paspelkordel, der Länge der Stuhlschürze entsprechend (siehe unten)

Schnittmuster zeichnen

1 Messen Sie die Sitzfläche des Stuhles aus und zeichnen Sie deren Umriß auf Papier; dabei ringsum Nahtzugaben einräumen (Abb. 1).

2 Von einer inneren Ecke an der Kante des Rückenteils um die Seite, Vorderkante und andere Seite bis zur anderen inneren Ecke messen. Das ergibt die Länge der »Schürze«. Zeichnen Sie eine Linie dieser Länge an und im Abstand von 10 cm eine parallele Linie; das ergibt die Höhe der Schürze. Von der inneren Ecke zur äußeren Ecke an der Rückseite des Stuhlschnittmusters messen und diese Strecke an beiden Enden der Schürze anzeichnen. Die restliche Länge in fünf gleiche Abschnitte unterteilen und in jeden einen Bogenrand einzeichnen (Schnittmuster zur Orientierung siehe Seite 106/107). Schmale Nahtzugaben um die Bögen und Seiten und bei der geraden Kante die übliche Nahtzugabe dazurechnen (Abb. 2).

3 Die zwei Schnittmuster ausmessen, etwas Stoff für Schrägstreifen und Bänder (siehe Zuschneiden) dazurechnen und dadurch die benötigte Stoffmenge ermitteln.

Zuschneiden

1 Ein Sitzteil und ein Schürzenteil aus Oberstoff und Futter ausschneiden; denken Sie daran, daß das Muster auf dem Oberstoff auf die Mitte ausgerichtet sein muß und bündig von der Sitzfläche zur Schürze laufen muß. Ein Schürzenteil aus der Wattierung ausschneiden und zwei oder drei Lagen Wattierung für die Sitzfläche, je nachdem wie weich Sie es haben wollen.

2 Aus dem Oberstoff einen Schrägstreifen zum Paspelieren (siehe Seite 82/83) ausschneiden, der die gleiche Länge hat wie die Schürze.

3 Vier Streifen für die Bänder aus dem Oberstoff ausschneiden, je 25 cm lang und 6 cm breit.

Fertigstellen

1 Jedes Band der Länge nach auf die Hälfte falten (rechte Seite nach außen) und bügeln. Öffnen und die langen ungesäumten Kanten zum Falz in der Mitte hin falten, bügeln und mit innenliegenden ungesäumten Kanten einschlagen und ein Ende nach innen bügeln. Dicht an den gebügelten Kanten nähen.

2 Den Schrägstreifen um die Kordel legen und nähen (siehe Seite 82/83).

Schürze

1 Die Schürze mit der rechten Seite nach oben auf die Wattierung legen, dann ringsum dicht an den Kanten feststecken und nähen.

Abb. 1

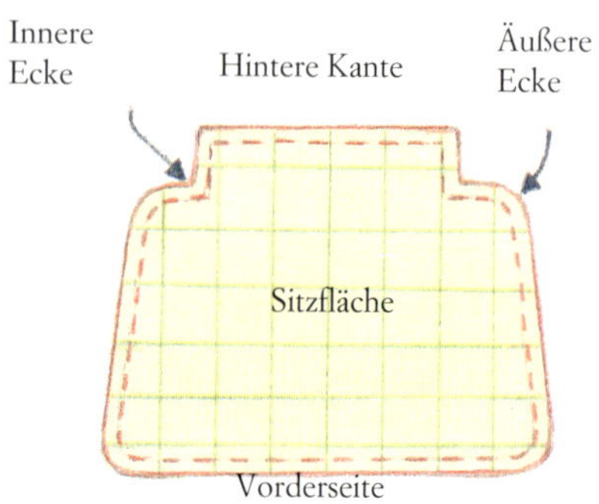

Abb. 2

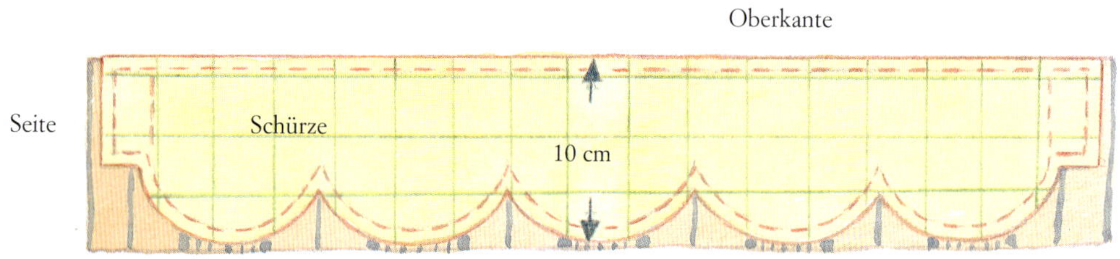

2 Das Futter rechts auf rechts auf die Schürze legen, dann um die Bogenränder und an den Seiten feststecken und nähen. An den Spitzen sehr genau arbeiten und an jeder eine scharfe Wendung mit der Nadel im Stoff ausführen. Die Spitzen und Ecken an beiden Enden mit Verriegelungsstichen übernähen und die Nahtzugabe bis zu den Stichen einschneiden. Die Nahtzugabe an den Ecken bis dicht vor den Stichen zuschneiden. Die Nahtzugabe auf der Wattierung abschneiden.
3 Auf rechts wenden und bügeln, so daß die Naht auf der linken Seite liegt. Die zwei Lagen auf der Oberkante der Schürze zusammenstecken und dicht an der Kante zusammennähen. Die Paspel Kante auf Kante darauflegen und an beiden Enden etwas verdrehen (Abb. 3). Dicht an der Paspel und an den Enden darüber nähen.

Abb. 3

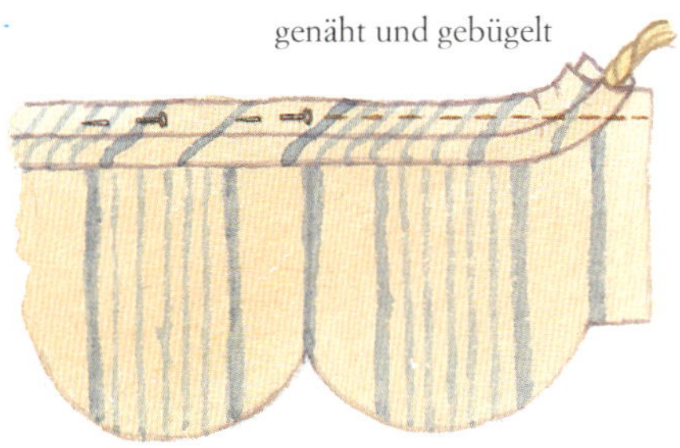

Abb. 4

Sitzfläche
1 Die Wattierungslagen für die Sitzfläche übereinanderlegen. Den Oberstoff mit der rechten Seite nach oben feststecken und ringsum zusammennähen.
2 Das Futter rechts auf rechts darauflegen, dann nur die hinteren Kanten bis zu den inneren Ecken feststecken und nähen. Alle vier Ecken mit Verriegelungsstichen übernähen. (Abb. 4). Die zwei inneren Ecken einschneiden und bis zu den hinteren Ecken zuschneiden. Auf rechts wenden und bügeln, so daß die Naht auf der linken Seite liegt. Die freien Kanten von einer inneren Ecke bis zur anderen zusammenstecken und nähen.
3 Die Schürze rechts auf rechts auf die Sitzfläche legen, dabei ein Ende der Schürze mit der inneren Ecke des Sitzes zur Deckung bringen. Ringsum bis ans andere Ende der Schürze, d.h. die andere innere Ecke, feststecken. Mit Reißverschlußfuß dicht an der Paspel nähen. Auf rechts wenden und bügeln.
4 Die abgeschnittenen Kanten der Bänder auf die linke Seite umschlagen, feststecken und mit der Maschine an den inneren Ecken des Futters festnähen.
5 Das Kissen auf einem Stuhl festbinden.

Nackenrolle

Eine üppige Nackenrolle verleiht einem Sofa oder Ruhebett einen Hauch von großer Welt und ist darüber hinaus eine herrlich bequeme Kopfstütze. Auch wenn Nackenrollen schwieriger aussehen als ein rechteckiger Kissenbezug, sind sie in Wahrheit blitzschnell genäht.

Material

Füllung für die Nackenrolle
Einfarbiger und karierter Bezugsstoff (siehe Zuschneiden, unten)
Reißverschluß von 40 cm Länge
2 große Knöpfe zum Beziehen
Paspelkordel, doppelter Polsterumfang
Passendes Nähgarn

Zuschneiden

1 Auf der linken Seite des karierten Grundstoffs ein Rechteck für das Hauptteil anzeichnen. Dessen Maße sind: der Umfang der Nackenrolle mal dessen Länge, zuzüglich 2 cm Nahtzugabe ringsum. Zuschneiden. Zwei Schrägstreifen für Paspeln in Länge des Rollenumfangs zuschneiden (siehe Seite 82/83).
2 Zwei Rechtecke für die Endstücke auf der linken Seite des einfarbigen Stoffes anzeichnen, von denen jede den doppelten Umfang der Rolle plus 3 cm mal den Radius plus 1,5 cm mißt.
3 Stoffkreise ausschneiden, um Knöpfe damit zu beziehen (siehe Seite 52).

Fertigstellen

1 Die Kordel für die Paspeln halbieren. Beide Hälften zu einem Ring verbinden, indem an beiden Enden 3 cm aufgedröselt werden, und die losen Stränge ineinander verdreht werden. Mit einem Faden umwickeln und mit einigen Stichen fixieren.
2 Jeden Schrägstreifen zu einem Ring verbinden, der geringfügig kürzer ist als die Kordel. Den Streifen um die Kordel legen, dabei leicht dehnen und nähen (siehe Seite 82/83).
3 Das Hauptteil auf die Hälfte zusammenfalten (rechts auf rechts und lange Kanten aneinander), den Reißverschluß mittig auf die lange Kante legen und die Öffnung auf dem Stoff mit Stecknadeln markieren. Von diesen Nadeln aus bis an die Enden nähen, Naht an beiden Enden mit Rückwärtsstichen verstärken. Nahthälften aufklappen und Reißverschluß einsetzen (Abb. 1); siehe auch Seite 48.
4 An jedem Ende eine Paspel auf die rechte Seite des Stoffes legen, wobei die Schnittkanten beisammen liegen. Feststecken und zusammennähen.
5 Die Endstücke zu Ringen verbinden und die Nähte bügeln (Abb. 2). Auf beiden Seiten drei Kräuselfäden einnähen (siehe Seite 70). An jedem Endstück eine Seite so raffen, daß sie dem Umfang der Rolle entspricht, dann die Enden der Kräuselfäden mit einer Stecknadel fixieren. Die andere Seite so eng wie möglich fassen, zu einem Kreis formen und die Kräuselfäden verknoten (Abb. 3).
6 Reißverschluß öffnen. Ein Ende des Hauptteils rechts auf rechts rund um ein Endstück legen, wobei die Kanten beisammen liegen. Die Falten zurechtziehen und feststecken. Mit Reißverschlußfuß von der linken Stoffseite aus und dicht an der Paspel zusammennähen. Das andere Endstück einsetzen. Sichtbare Kräuselfäden entfernen.
7 Wenden, Knöpfe mit Resten vom Grundstoff überziehen (siehe Seite 52) und fest annähen, so daß sie die Mitte von beiden fixieren und verstecken.
8 Die Nackenrolle in den Bezug stecken und den Reißverschluß zuziehen.

Abb. 1

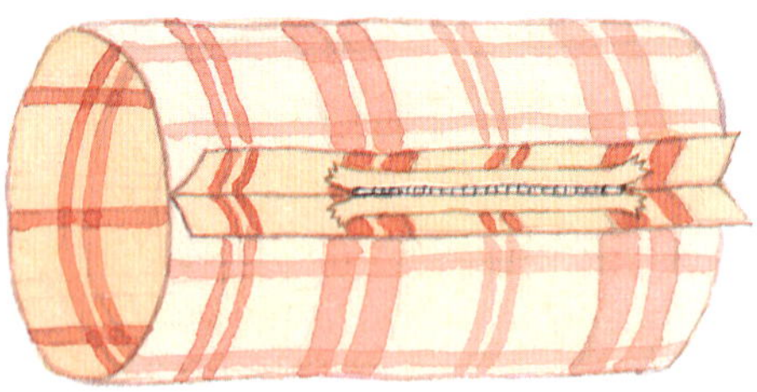

Abb. 2

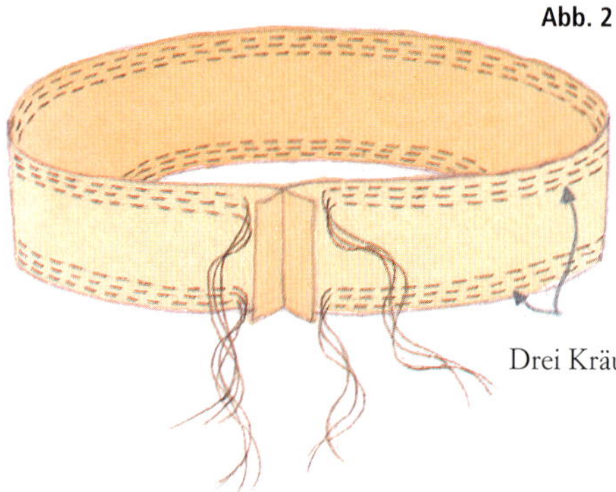

Abb. 3

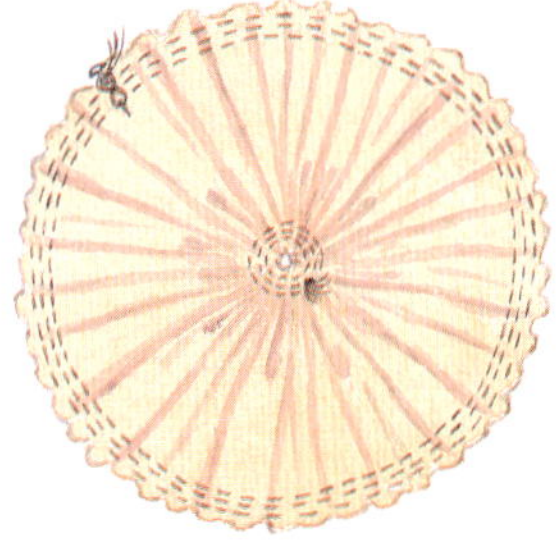

Husse

Diese Husse für einen einfachen Stuhl ist nicht schwer zu nähen, aber da das Schnittmuster der jeweiligen Stuhlgröße angepaßt werden muß, muß man vorher genau messen und sich überlegen, wie man den Bezug für eine spezifische Stuhlform abwandelt. Wer bereits Schnittmuster gezeichnet und mehrere Schneiderarbeiten erfolgreich abgeschlossen hat, dürfte damit jedenfalls keine allzu große Probleme haben. Aber lassen Sie sich Zeit – arbeiten Sie langsam und methodisch, und halten Sie sich Schritt für Schritt an die Anleitung und die Zeichnungen unten und auf Seite 96. Ein guter Sitz ist Ihnen sicher, wenn Sie vorher aus Stoffresten oder billigem Baumwollstoff ein Muster anfertigen.

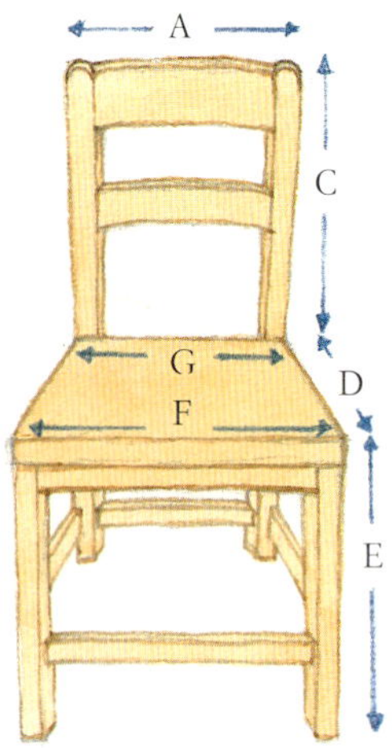

Abb. 1

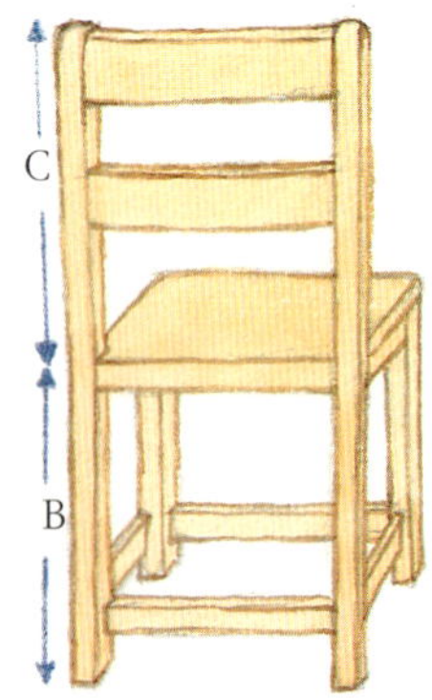

Abb. 2

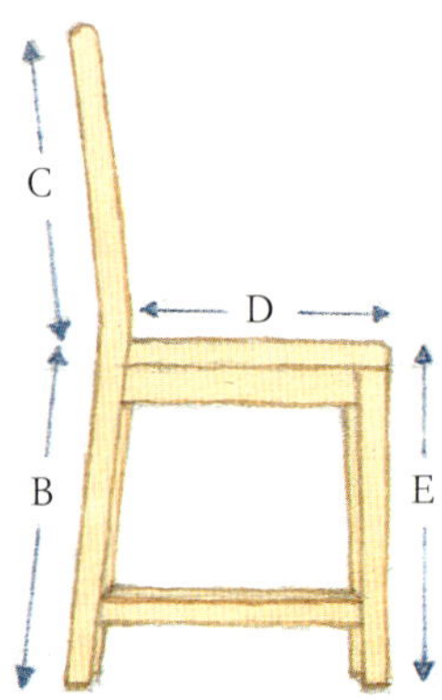

Abb. 3

Material

Möbelstoff (siehe Schnittmuster zeichnen, unten)
Schnittmusterpapaier
2 Knöpfe zum Beziehen
Passendes Nähgarn

Der Stuhl

Der Stuhl sollte eine einfache rechteckige Form haben mit einem geraden, einfachen Rückenteil, geraden Beinen und einer ebenen Sitzfläche (Abb. 1, 2, 3).

Ausmessen

Den Stuhl nach den Buchstaben A–G (Abb. 1, 2, 3) ausmessen. Das Maß für die Oberkante des Rückens großzügig ausfallen lassen.

Schnittmuster zeichnen

1 Zunächst die Schnittmusterzeichnungen (auf dieser und auf Seite 96) abpausen und die Maße an den entsprechenden Stellen übertragen. Dann erst zeichnet man die Schnittmusterteile.

2 Die Falten erlauben eine leichte Schrägstellung der Beine. Messen Sie deren unteren Umfang und prüfen Sie, ob die untere Kante der Schürze bequem herumpaßt. Wenn nicht, rechnen Sie aus, wieviel zusätzliche Breite erforderlich ist, teilen diese Zahl durch Acht und rechnen an jedem Faltenteil ein Achtel hinzu.

3 Wenn der Bezug bis auf den Boden fallen soll, rechnen Sie zu Vorderseite, Seite und Rücken 5–8 cm hinzu (bevor Sie die Saumzugabe dazurechnen).

4 Anhand der Umrisse des Schnittmusters jedes Stück in voller Größe anzeichnen, dabei die Faltenstücke wie angegeben in das Muster für Schürze und Rücken einzeichnen. Die Schnittmusterteile möglichst zusammenstecken, um sicherzugehen.

Rückenteil Schürze

Hier haben wir eine mittige Kellerfalte vor uns (siehe Abb. 9 auf Seite 96), und die dafür vorgesehene Stoffmenge sollte auf das Stoffmuster abgestimmt sein. Um das Muster, zum Beispiel Streifen, nicht durcheinanderzubringen, den Stoff entlang der Streifenlinien falten, um zu sehen, wieviel Stoff man für jede Falte zugeben muß.

Sitzfläche (Abb. 6) Sie ist vorne vielleicht breiter als hinten; in diesem Fall nach der durch die gestrichelten Linien angedeuteten Form ausschneiden.

Schürze: Seiten und Vorderseite (Abb. 7 und 8) Die gleiche Stoffmenge wie für jede Rückenfalte zu jeder Seite an diesen Stücken hinzurechnen.

Tasche (Abb. 7) Bestimmen Sie die gewünschte Größe (um eine Zeitung oder

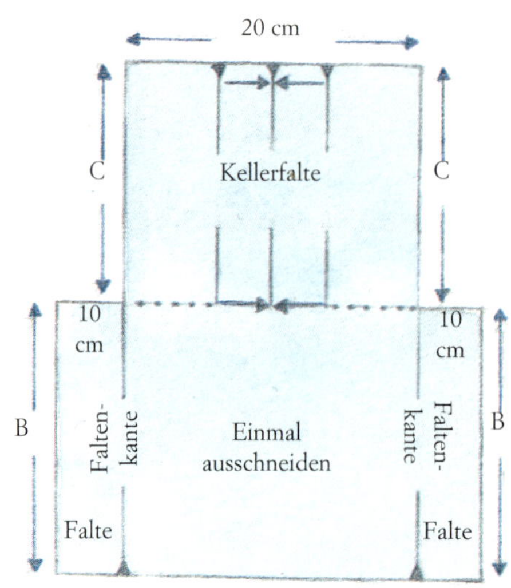

Abb. 4

NEWS

Abb. 5

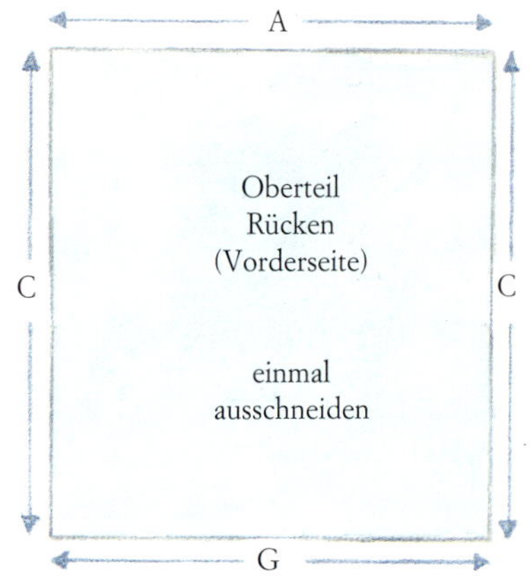

Abb. 6

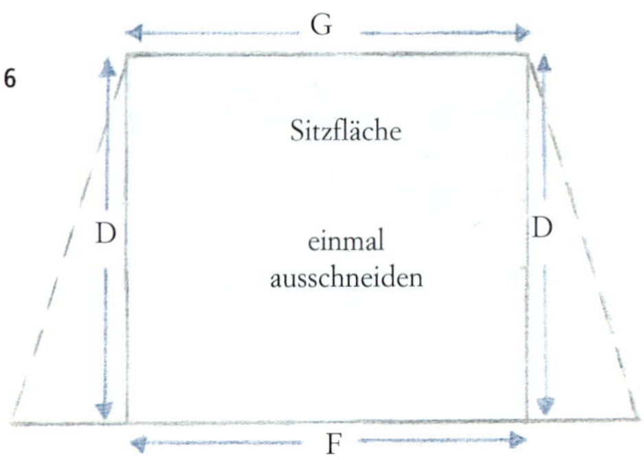

Abb. 7

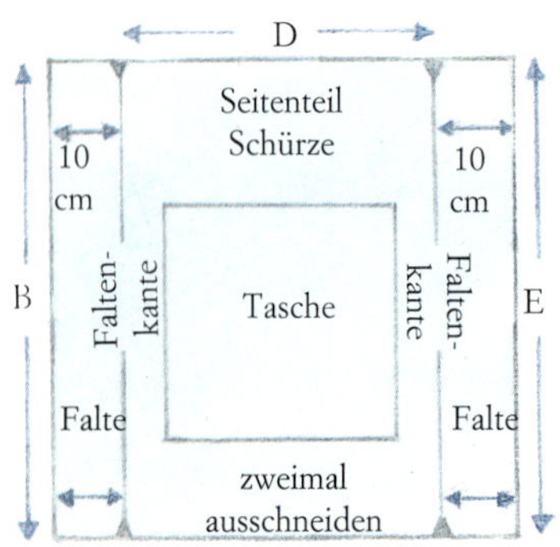

Abb. 8

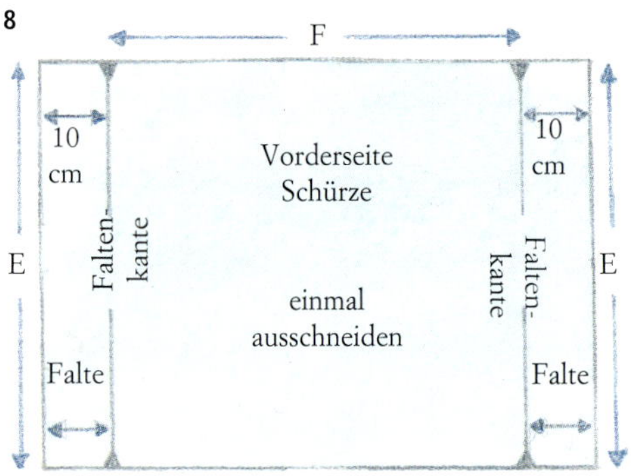

ein Buch aufzunehmen), und zeichnen Sie ein Quadrat oder Rechteck auf.

Schließlich an allen Kanten aller Schnittmusterteile eine Nahtzugabe einräumen, mit Ausnahme der Unterkante der Schürze und der Oberkante der Taschen, für die man Säume von 5 cm dazurechnen sollte. Die Schnittmusterteile auslegen und Stoffmenge ausrechnen.

Zuschneiden

1 Schneiden Sie folgende Teile aus: 1 Rückenteil Schürze, 1 Oberteil für den Rücken, 1 Sitzfläche, 1 Vorderteil Schürze, 2 Seitenteile Schürze, 2 Taschen, 2 kleine Kreise zum Überziehen der Knöpfe (siehe Seite 52).

2 Kerben auf der Ober- und Unterkante an jeder Seite der Seitenteile und des Vorderteils markieren und einschneiden, um die Falten zu kennzeichnen. Kerben in der Mitte der Ober- und Unterkante des Rückenoberteils anzeichnen und einschneiden, die die mittlere Kellerfalte und die seitlichen Falten markieren.

Fertigstellen

1 Die Falten entlang der senkrechten Mittellinie in das Rückenteil der Schürze einbügeln. Von der Oberkante ausgehend dicht an den Faltkanten bis zur Mitte, d.h. zur Oberkante der Schürze, stecken. Dicht an den Kanten eine sichtbare Naht arbeiten (Abb. 9).

2 Den Saum an den Taschen versäubern, auf die linke Seite bügeln und mit sichtbarer Naht steppen. Die Nahtzugabe an den übrigen drei Seiten der Tasche auf die linke Seite bügeln, die Taschen an den gewünschten Stellen auf den Seitenteilen der Schürze feststecken und dicht an der Kante mit einer sichtbaren Naht annähen.

Zu beachten: Bei den folgenden Schritten, wenn Stoff zum Ausfransen neigt, die Kanten jeder Naht gleich versäubern. Alle Nähte auseinanderbügeln.

3 Die Seitenteile an beide Seiten des Rückenteils der Schürze rechts auf rechts anlegen; dabei müssen die Kanten der Falten B übereinstimmen. Feststecken und nähen.

4 Das Vorderteil der Schürze rechts auf rechts auf die Seitenteile legen; dabei müssen die Kanten der Falten E übereinstimmen. Feststecken und nähen.

5 Saumkante versäubern, auf linke Seite bügeln. Annähen und bügeln.

6 Jede Falte an den Kerben auf Ober- und Unterkante einschlagen, dabei die Faltkanten zusammenstoßen lassen, so daß sie auf den Nähten liegen und Kellerfalten bilden. An beiden Enden feststecken. Gründlich mit einem Dampfbügeleisen bügeln, so daß ein scharfer Bruch entsteht. Die oberen Kanten der Falten mit Stecknadeln oder Heftstichen fixieren, bis sie an die Sitzfläche genäht werden.

7 Das Oberteil für den Rücken (Vorderseite) rechts auf rechts auf das obere Rükkenteil der Schürze legen. Die Oberkante A und die Seiten C feststecken, dabei nicht vergessen, die Nahtzugaben an den unteren Kanten von C frei zu lassen.

8 Die Sitzfläche rechts auf rechts auf das obere Rückenteil legen, die beide an Kante K übereinstimmen müssen. Feststecken und nähen.

9 Die Seiten D und Vorderteil F an den entsprechenden Kanten der Schürze rechts auf rechts feststecken, nähen.

10 Die Knöpfe überziehen (siehe Seite 52) und über beide Ränder der Falte in die Mitte des Rückenteils nähen.

11 Bezug über den Stuhl stülpen.

Abb. 9

Muster und Motive

Auf den folgenden Seiten finden Sie zusätzliche Informationen, die Ihnen dabei helfen, einige der Arbeiten in den vorhergehenden Kapiteln fertigzustellen. Dazu gehören auch wichtige Schnittmusterzeichnungen, Schnittlayouts und Illustrationen zum Vorhang von Seite 32 ff, zu Gartenpavillon, Sitzsack, Kissen mit Hasenohren und zur Weste. Dazu gibt es noch Schnittmuster für Bögen und Zacken, damit Sie über eine Auswahl von Formen verfügen, die Sie für Ihre eigenen Entwürfe verwenden können.

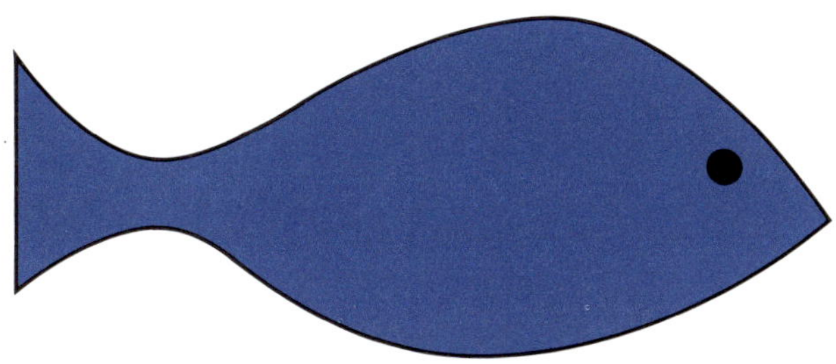

Duftiger Vorhang

Die Anleitung auf Seite 32, das Schnittlayout (rechts) und die Schnittmusterzeichnung (ganz rechts) auf diesen Seiten sind für einen Vorhang von 280 cm Länge und knapp 112 cm Breite gedacht. Wenn Sie einen Vorhang mit anderen Abmessungen anfertigen wollen, entnehmen Sie dem Schnittlyout, welche Teile Sie dafür benötigen (rechnen Sie bei einem breiteren Fenster zusätzliche Einsätze hinzu) und rechnen Sie dann die entsprechenden, zu Ihrem Fenster passenden Maße aus.

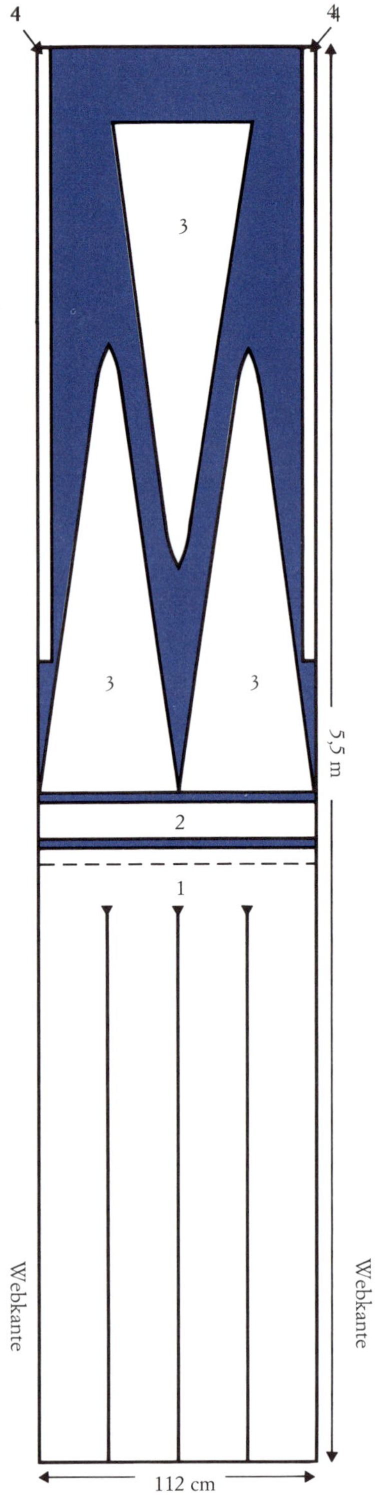

1 Hauptstück
2 Stücke für Querbehang
3 Einsätze
4 Randstreifen

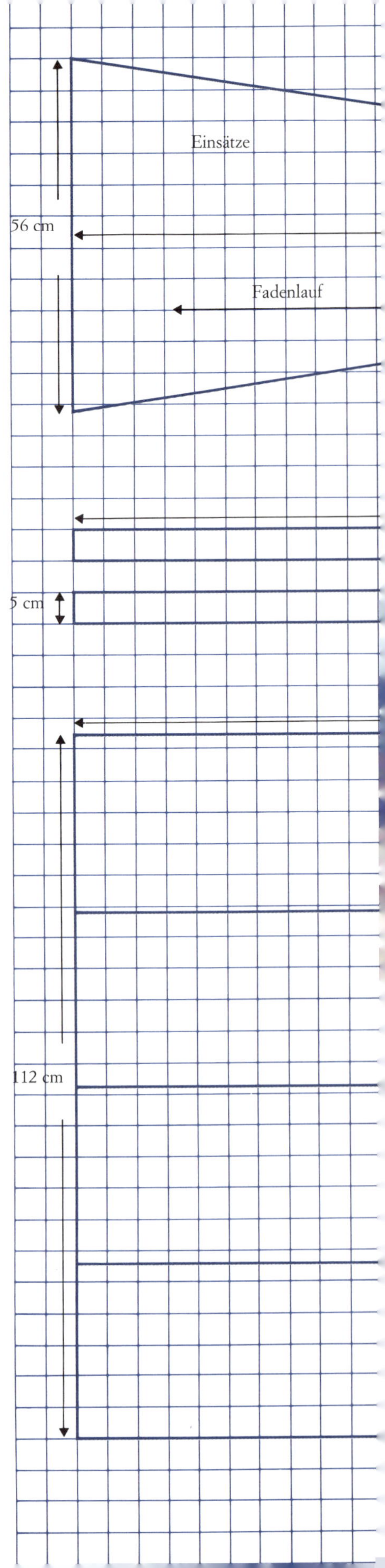

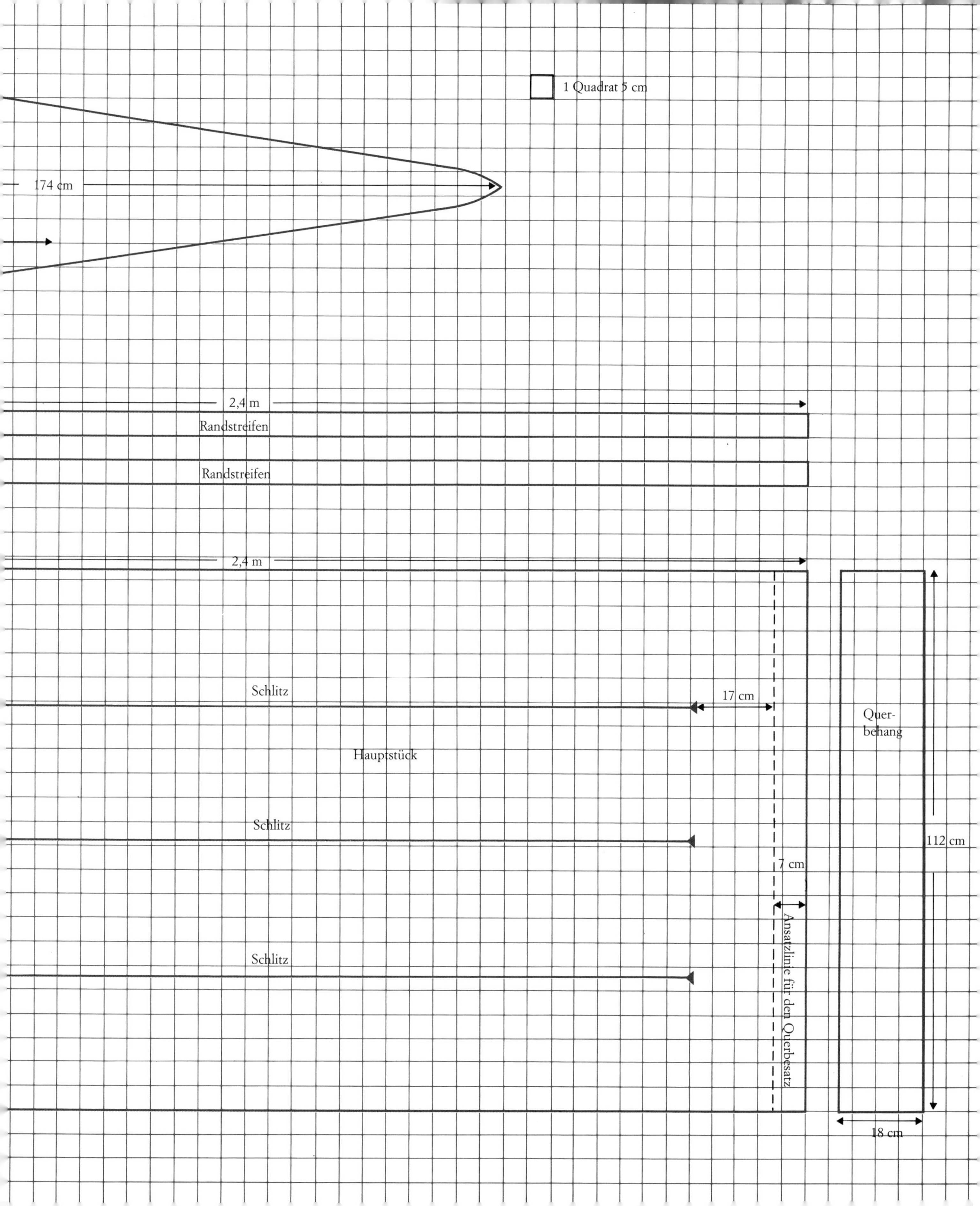
1 Quadrat 5 cm
174 cm
2,4 m
Randstreifen
Randstreifen
2,4 m
Schlitz
17 cm
Hauptstück
Schlitz
Schlitz
7 cm
Ansatzlinie für den Querbesatz
Quer-
behang
112 cm
18 cm

Gartenpavillon

Der auf dem Foto auf Seite 42–43 abgebildete Pavillon ist aus mehreren verschiedenen Stoffen angefertigt, während unser Schnittlayout (rechts) sich auf einen Pavillon bezieht, der nur aus einem Stoff besteht. Wenn Sie aber verschiedenartige Stoffe verwenden wollen, entnehmen Sie dem Schnittlayout, welche Teile Sie benötigen; auf Seite 44 finden Sie deren Abmessungen, anhand derer Sie ausrechnen können, welche Mengen von jedem Stoff Sie brauchen.

Die Bauanleitung auf der gegenüberliegenden Seite zeigt Ihnen, wie man das Pavillongestänge nach den Anweisungen auf Seite 45 und mit den dort angegebenen Materialien zusammensetzt.

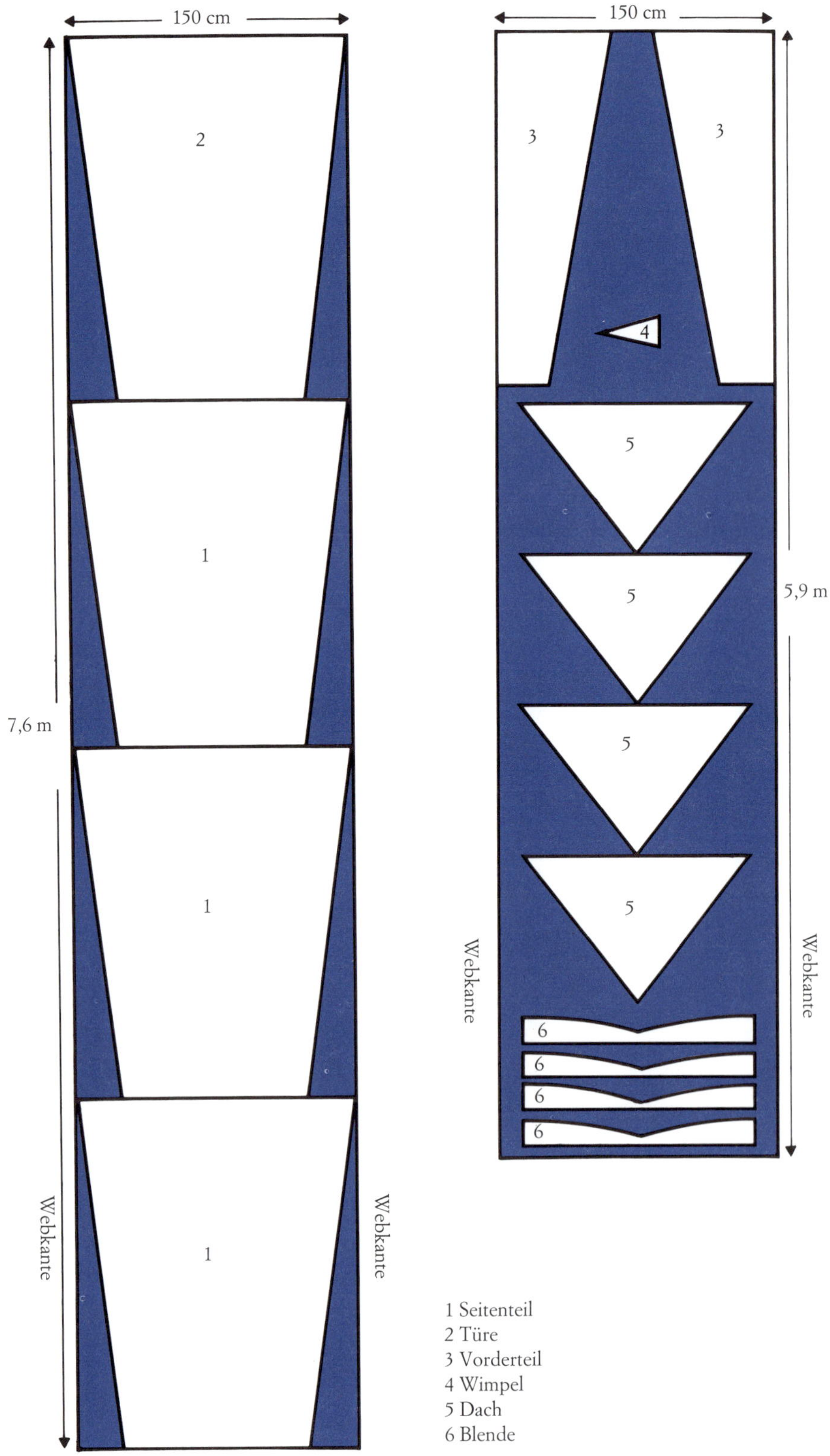

1 Seitenteil
2 Türe
3 Vorderteil
4 Wimpel
5 Dach
6 Blende

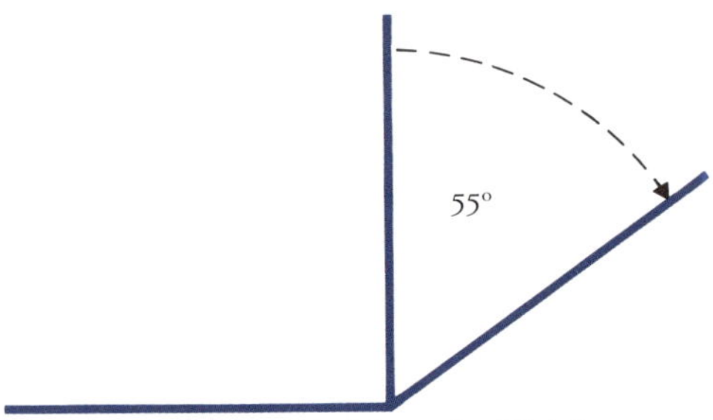

Schablone zum Aufbiegen des Winkels auf 145 Grad

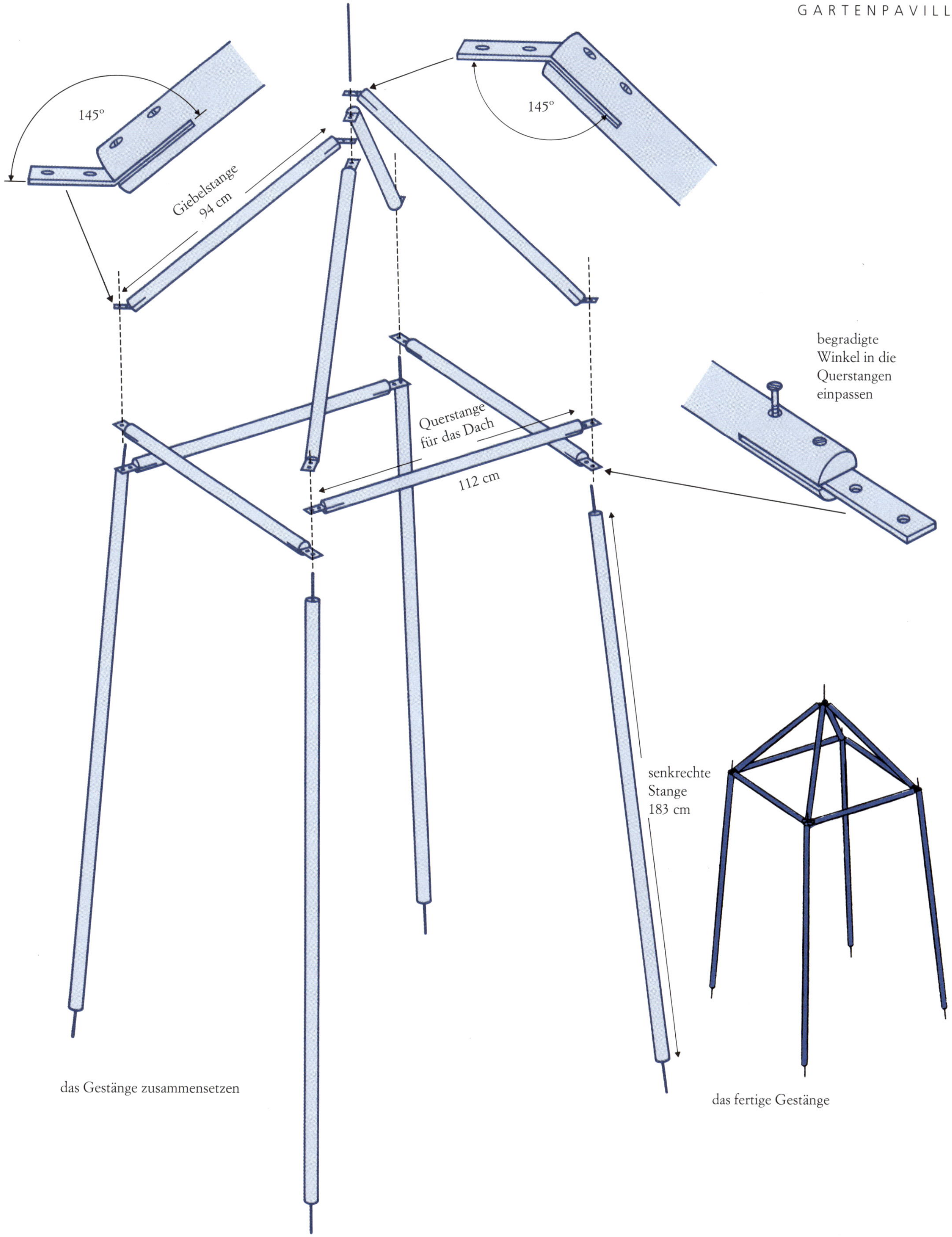

das Gestänge zusammensetzen

das fertige Gestänge

Weste mit Chinaknoten

Die Weste auf Seite 60 ist recht großzügig bemessen. An den Seitennähten können kleine Änderungen bezüglich der Größe vorgenommen werden, indem man entweder schon beim Schneiden Stoff zugibt (siehe Schnittmusterzeichnung rechts), so daß die Weste größer ausfällt, oder beim Zusammennähen größere Nahtzugaben nimmt, um die Weste kleiner zu machen.

Schnittlayout für Oberstoff und Einlage

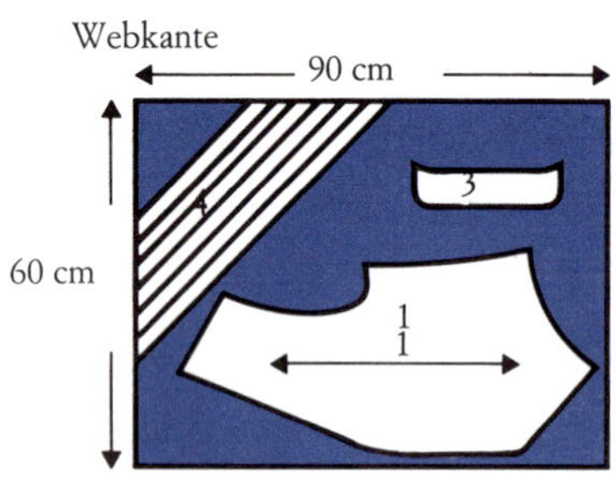

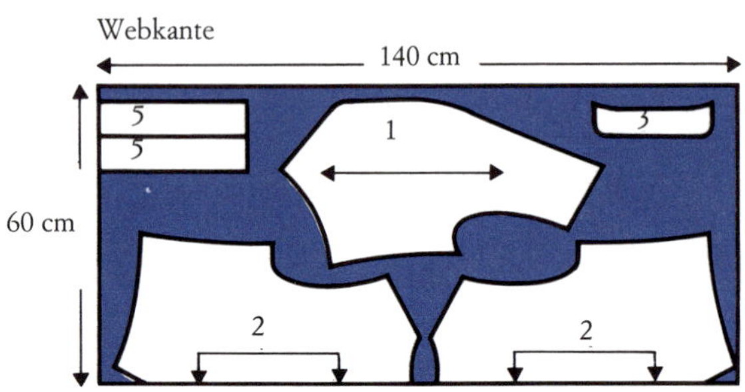

Schnittlayout für Futterstoff

1 Vorderteil
2 Rückenteil
3 Innenbeleg (einmal ausschneiden)
4 Schrägstreifen (nur aus dem Grundstoff auszuschneiden)
5 Gürtel

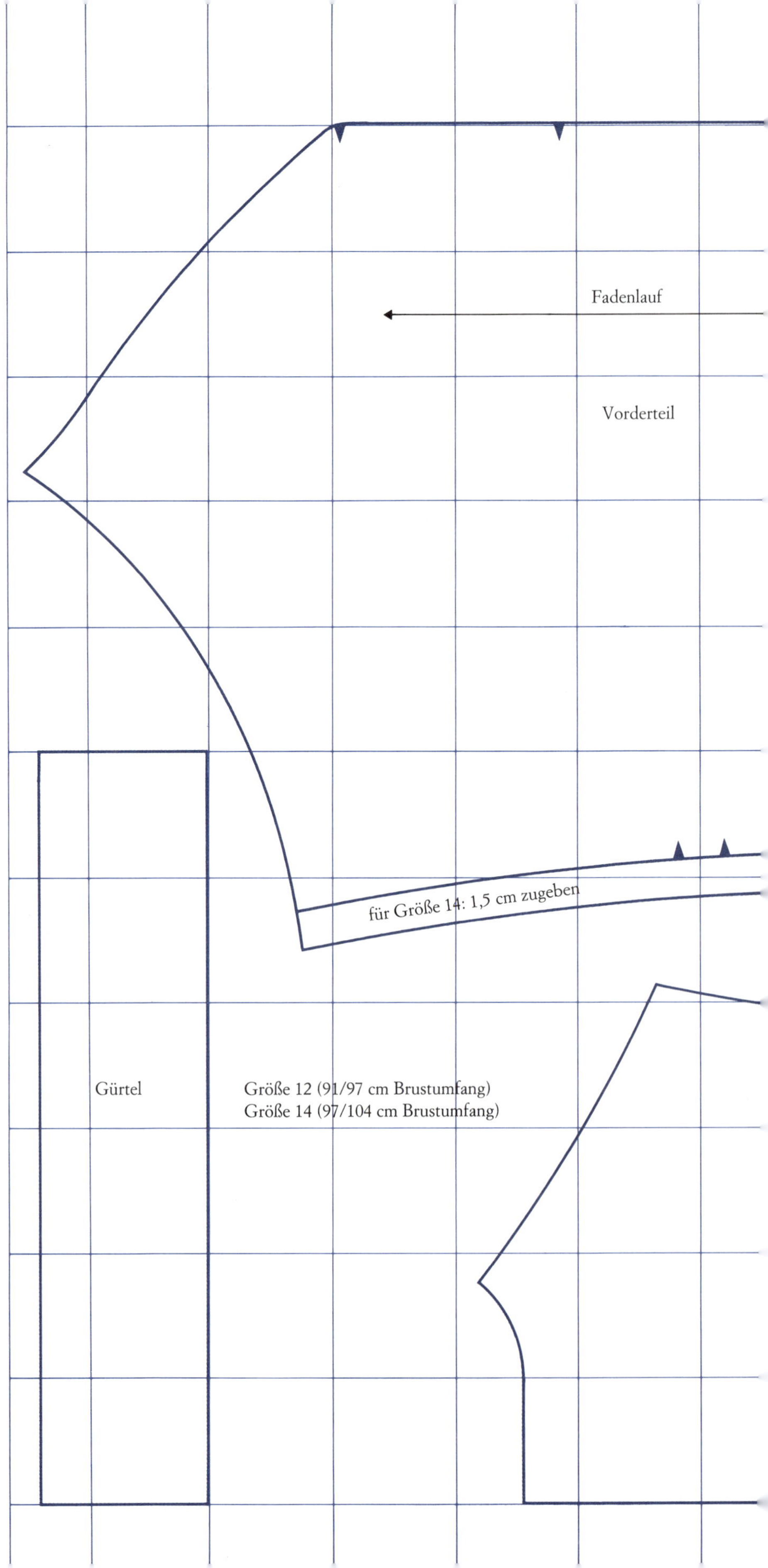

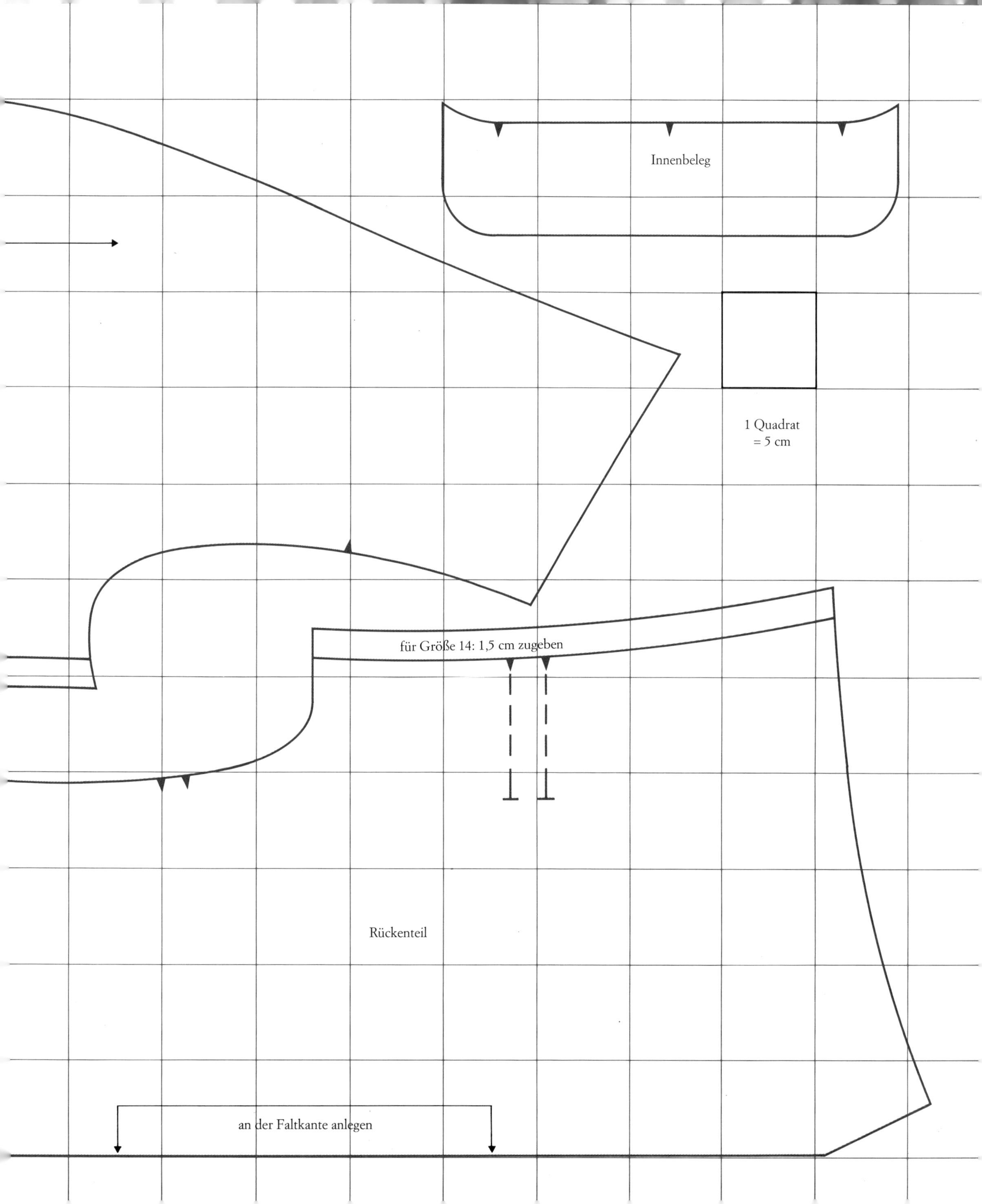
Innenbeleg
1 Quadrat
= 5 cm
für Größe 14: 1,5 cm zugeben
Rückenteil
an der Faltkante anlegen

Sitzsack

Die Abmessungen auf Seite 64 und die Teile der Schnittmusterzeichnung (rechts) sind für einen großen Sitzsack gedacht. Wenn Sie einen Sitzsack für ein Kleinkind herstellen wollen, vergrößern Sie die Teile nur im Maßstab von 1:7,5 anstatt 1:10. Beachten Sie bitte auch den Sicherheitshinweis auf Seite 64.

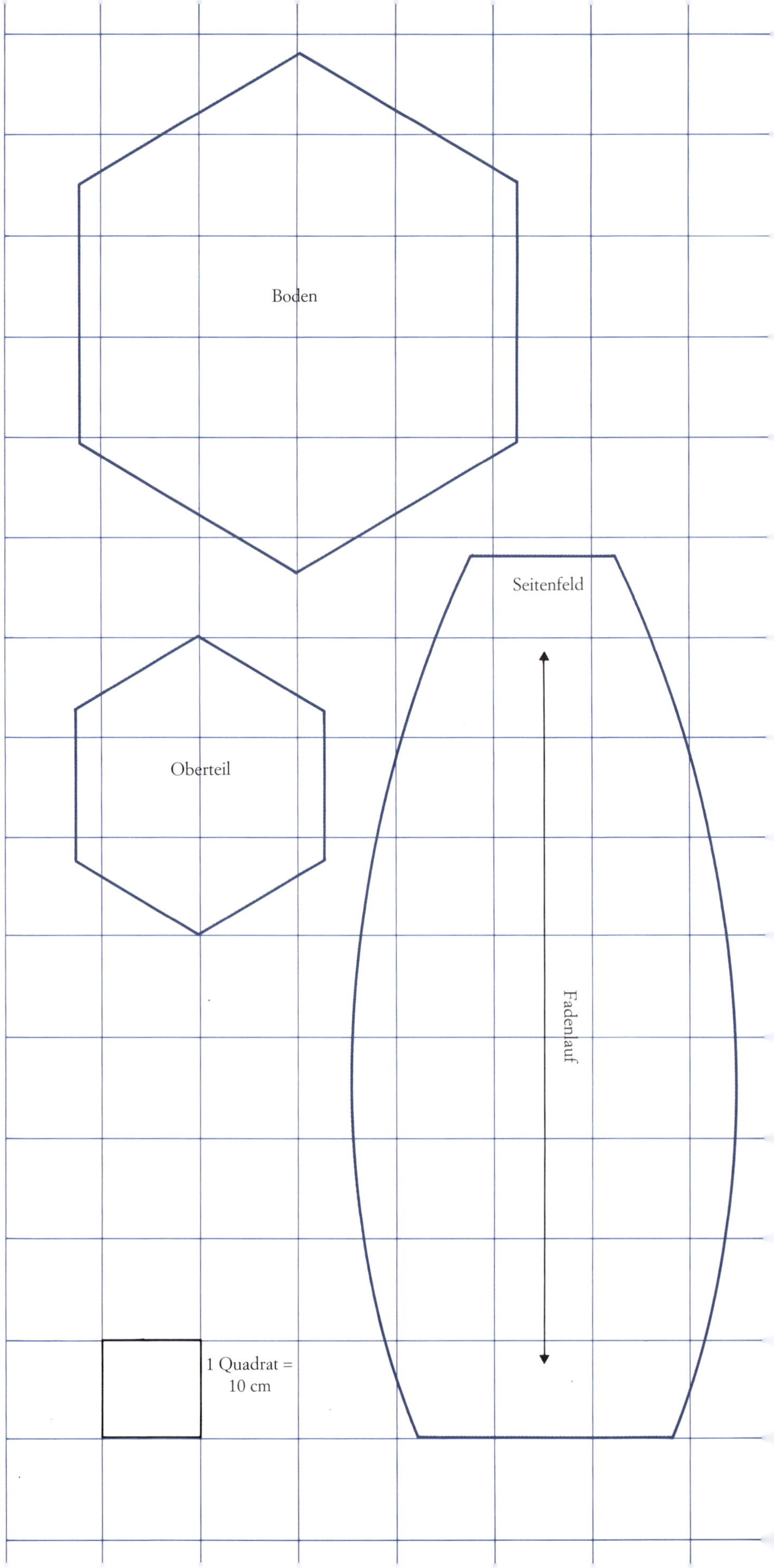

Kissen mit Hasenohren

Die Schnittmusterzeichnung (rechts) zeigt ein Viertel des Hauptteils und die Hälfte einer Schleife. Vergrößern Sie die Musterteile anhand der Anleitung auf Seite 58 maßstabsgerecht. Schneiden Sie alle Teile nach dem Schnittlayout aus Kattun oder anderem Oberstoff aus. Das Fischmotiv (unten) ist in Originalgröße abgebildet.

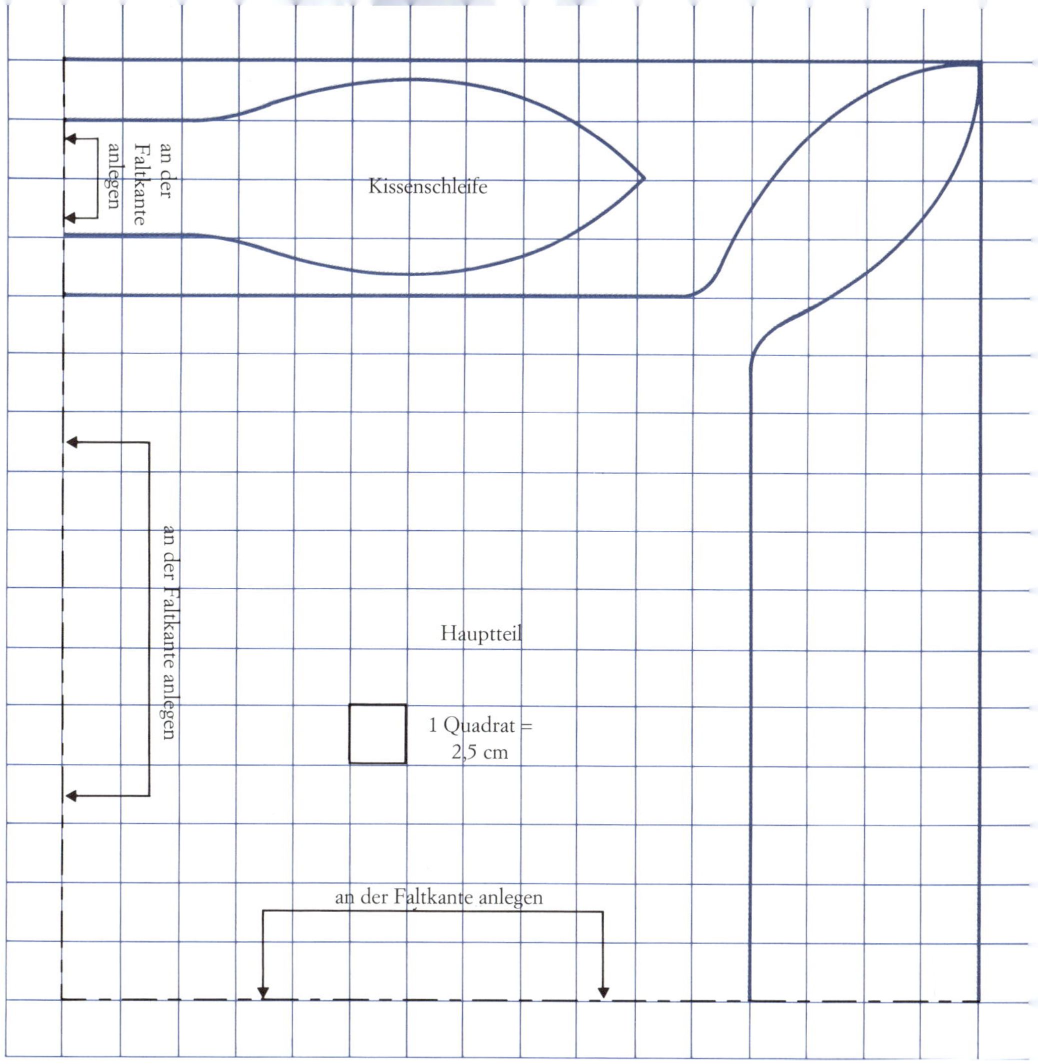

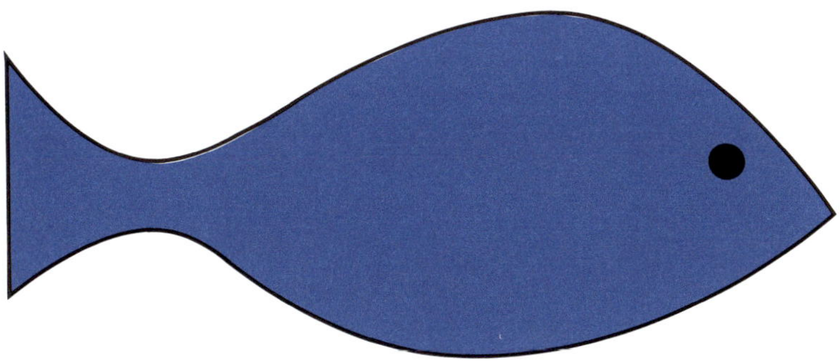

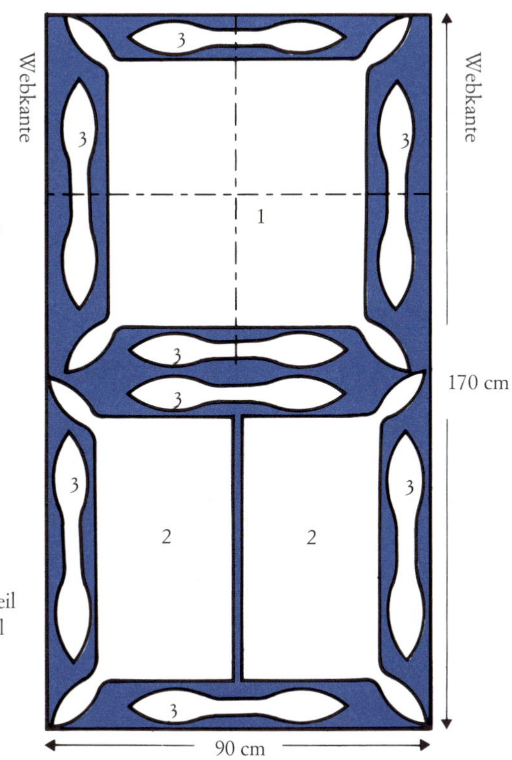

1 Kissen mit Hasenohren, Hauptteil
2 Kissen mit Hasenohren, Rückteil
3 Hasenohren – Kissenschleife

Bogenränder

Die Anleitung zum Herstellen und Verwenden von Bögen finden Sie auf Seite 78 und 79. Suchen Sie sich das Bogenmuster aus, das Ihre Arbeit am wirkungsvollsten verziert. Alle Bogenränder sind ohne Nahtzugabe abgebildet, weshalb Sie beim Zuschneiden an den Bögen eine Nahtzugabe von 5 mm und an den geraden Kanten 1,5 cm zugeben müssen. Die breitere Nahtzugabe läßt sich leichter in eine Naht einsetzen als eine schmale. Zu unserer Gitterzeichnung wurde kein Maßstab angegeben, da die Bögen ja ganz Ihrer jeweiligen Arbeit angepaßt und entsprechend vergrößert werden sollen. Wählen Sie einen passenden Bogenrand aus, messen sie eine zu besetzende Kante ab, und vergrößern oder verkleinern Sie die Bogenreihe entsprechend. Jede Reihe sollte möglichst mit einem vollständigen Bogen anfangen und aufhören. Sie können sowohl der Länge als auch der Breite des Stoffes nach ausgeschnitten werden.

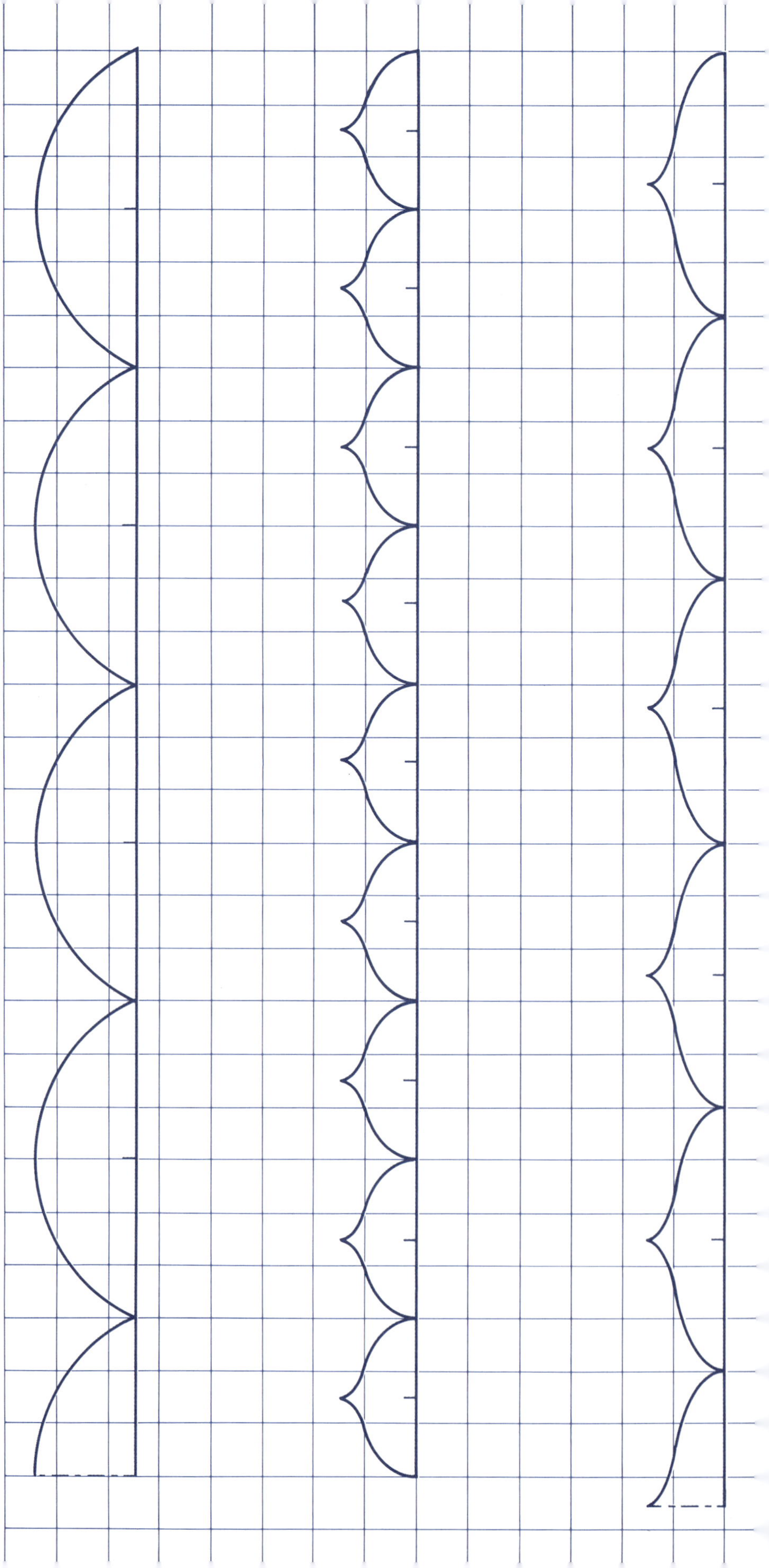

Chevrons

Die Anleitung zum Herstellen und Verwenden von Chevrons finden Sie auf Seite 78 und 79. Echte Chevrons werden einzeln aus einem Paar gestreifter Dreiecke hergestellt. Schneiden Sie die Dreiecke stets so, daß die Streifen parallel zur längsten Kante verlaufen, und nähen Sie das Paar an der längsten Schrägschnittkante zusammen. Verschiedene Dreiecke ergeben natürlich verschiedene Chevronformen: Zwei lange Dreiecke ergeben einen wimpelförmigen Winkel, während zwei breitere Dreiecke zu einem Winkel zusammengenäht werden, der sich eher als Besatz eignet.

Andere Besätze mit ähnlich heraldischem Charakter erhält man, wenn man Quadrate und Dreiecke kombiniert und in Streifen ausschneidet (oben rechts). Zu unserem Muster wurde kein Maßstab angegeben, da die Chevrons ja ganz Ihrer jeweiligen Arbeit angepaßt und dementsprechend vergrößert werden sollen. Messen Sie eine zu besetzende Kante ab und vergrößern Sie die Winkelreihe entsprechend.

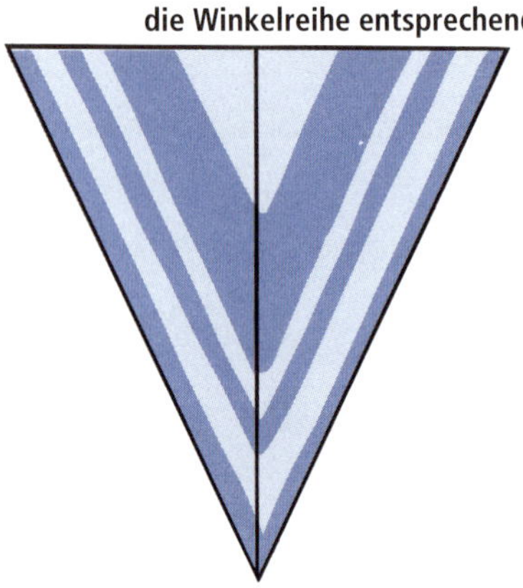

Chevron aus zwei langen Dreiecken

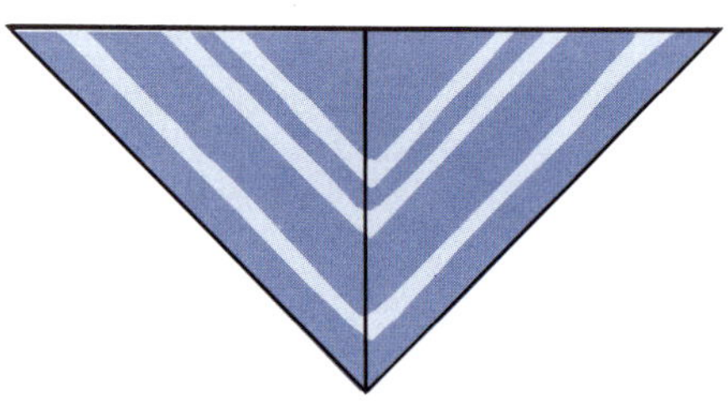

Chevron aus zwei breiten Dreiecken

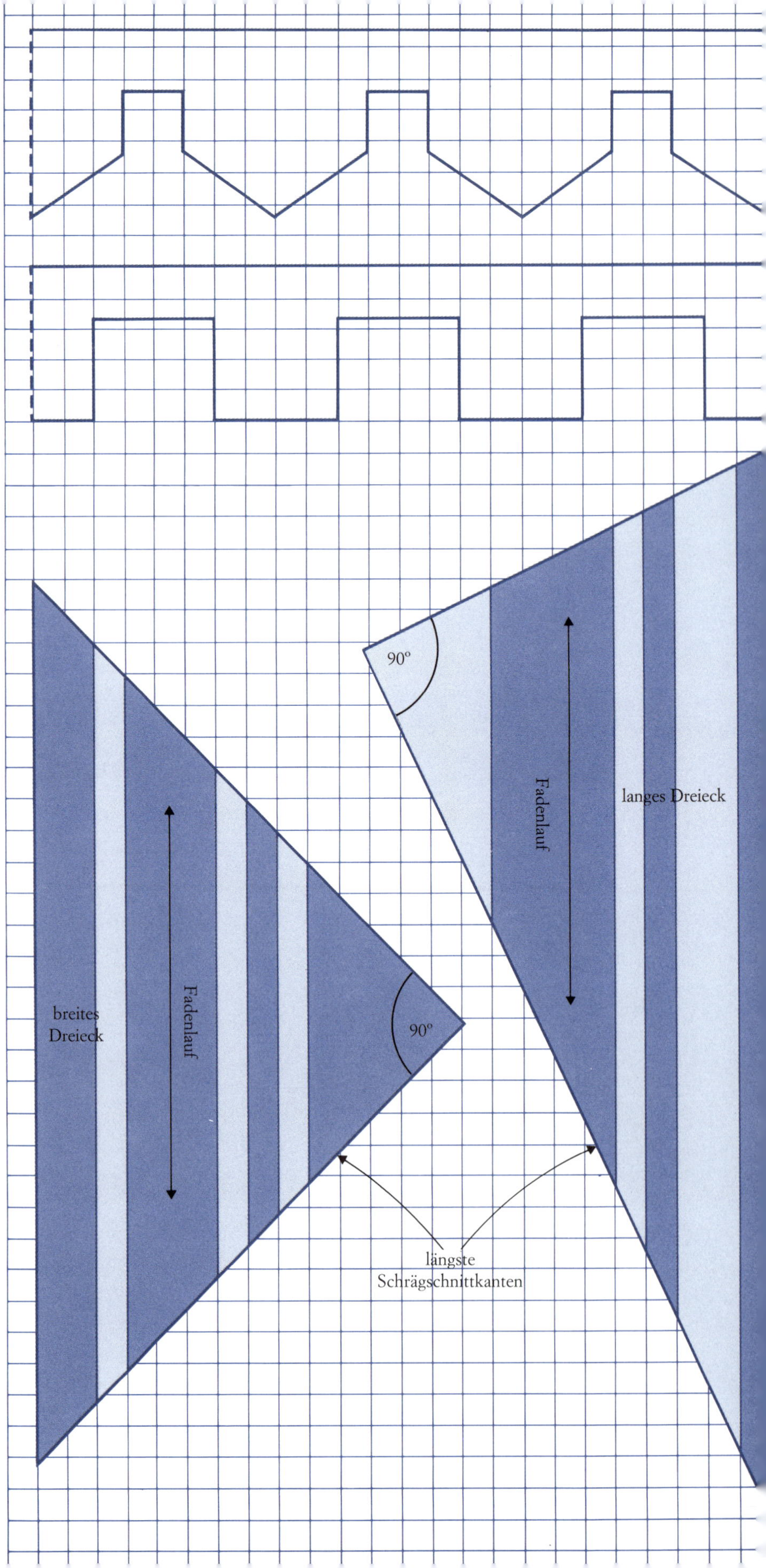

Register

Danksagung

Der Verlag möchte folgenden Personen und Firmen für ihre Unterstützung danken und dafür, daß sie Stoffe, Garne und andere Gegenstände für die Fotos zur Verfügung gestellt haben: Elizabeth Baer, Jane Churchill, J & M Davidson, Designer's Guild, Camilla Gavin, John Lewis, Malabar, Ian Mankin, Mulberry, Osborne and Little, Arthur Sanderson and Sons Ltd, F.R. Street, V V Rouleaux.

Fotonachweis

Spezialaufnahmen von Martin Brigdale (12/13, 14, 61), Debbie Patterson (2,3, 63). Restliche Aufnahmen von Jan Baldwin (8, 9, 37, 38, 39, 65, 84, 87), Chris Drake (67), Frank Herholdt (33, 89, 95), Tom Leighton (15, 40, 41, 74, 75, 77 und 93), Pia Tryde (5, 6, 24, 25, 42, 43, 45, 46, 47, 57, 59, 68, 69, 91), Susan Witney (79).